JN123816

# オーナー経営者の税金とファイナンシャルプラン

**稼ぐ社長は要注意！**
**今のままでは残せない！**

小林 進
島﨑 敦史 　共著
齋藤 伸市

一般財団法人 大蔵財務協会

# はじめに

　オーナー経営者は、会社経営のことで頭がいっぱいで、ご自身の長期的なファイナンシャルプランを考えていないことが多いと感じています。目の前のことが優先で、将来のことは後回しになっています。ファイナンシャルプランとは、人生で起こるさまざまな出来事への適切な対応や目標を経済的、税務的側面から実現に導くのに有効です。**少しの時間、少しの勇気、少しの決断で、将来は大きく変わります。**正面からファイナンシャルプランに向き合い選択肢を知ることこそが、大事だと私どもは考えます。同じ知識であっても、いつ知るか、それが50代なのか、60代なのか、70代なのかで、その価値は異なってきます。その選択肢が響く年代がそれぞれにあります。

　オーナー経営者のリスクは「**死亡したとき**」と「**長生きしたとき**」に**備えて、家族と会社の観点から考える**必要があります。オーナー経営者がいなくなることで、家族と会社で対立することもありますし、会社の中でも家族の中でも、人間関係に大きな変化が発生します。この変化は、オーナー経営者自身には予見しにくいものです。オーナー経営者の影響力が大きければ大きいほど、家族のそれぞれが何を考え、会社の部下がどのような気持ちで接していたかは、オーナー経営者からは見えないものになっていることが多いのです。

　私どもは、**オーナー経営者のファイナンシャルプランの策定は、サラリーマンのファイナンシャルプランの策定とは異なるもの**だと考えています。オーナー経営者だからしなくてはならない備えがあります。また、オーナー経営者だからこそできることもあります。この要所をうまく押さえることで、効率的な準備が可能となります。ただし、ほとんどのオーナー経営者は、遺言書の準備程度はしていても、他の**本質的に重要な準備をしないで相続を迎えている**のが現状です。

本書は、オーナー経営者の視点で、できるだけ良い形で、財産を次世代に承継していただけるヒントを提供したいという思いから企画しました。5年、10年、20年とかけて、**長期的なファイナンシャルプランを構築する伴走者**として、お手伝いができればと思い、内容を検討しました。読者の方、一人一人にとって**「もっと早く知っていれば良かった」**と思っていただけるような内容を1つでも多く見つけていただきたいと思います。

　なお、本書の内容の一部には「10年後に勇退を控えている　オーナー社長の税金対策」（小林　進・齋藤伸市共著、大蔵財務協会、2018年7月発行）の内容を修正加筆したものが含まれております。


　令和5年5月

小林　進

島﨑敦史

齋藤伸市

# 目　次

## 第 3 章　家族と会社を守る資産運用

## 第 4 章　オーナー経営者の相続とその落とし穴

# 第5章　モデル年表

おわりに

第 **1** 章

# オーナー経営者だから
# しなくてはならないこと
# （自社株、会社・家族）

## 自社株の相続税評価額を知っていますか？

> 　自社株の相続税評価を知らないと、相続が発生したときに、面倒なことになると経営者の友人から言われましたが、どういうことでしょうか？

### 回答

　オーナー経営者の場合、相続財産には、自分が保有する自社株も含まれます。換金しにくい財産なので、納税が困難になることがあります。事前に相続税評価額を確認し、納税資金を準備しておく必要があります。

### 解説

### 1　自社株の相続税評価額

　オーナー経営者の保有する自社株の相続税評価額は、会社の規模により、純資産価額と類似業種比準価額で計算されます。正確な計算は、過去3期分の決算書をもとに計算します。

　株価計算の詳細は専門的な内容が多いので、必ずしもすべて把握する必要はないと思いますが、何が株価に影響を与えるかは知っておくと良いと思います。

### 2　自社株の評価に影響を与えるもの

　通常の事業会社の場合、会社の規模（従業員数、売上、総資産の金額）により、大会社、中会社、小会社に区分され、一般的には大会社が最も有利（評価額が低い）になります。従業員数が70人以上であれば、大会社の評価になるので、従業員数が70人前後の会社は注意が必要です。

　従業員数のカウントは、以下の合計になります。

---

「直前期末以前1年間の継続勤務従業員数」＋「継続勤務従業員以外の従業員の直前期末以前1年間の労働時間の合計時間数」÷1800時間

---

※期末時点の従業員数ではなく、1年間を通じて勤務した勤務実態がベースになります。

## 3　なぜ、自社株が相続の際に問題になるのか

　自社株は、換金しにくいのに国が勝手にその価値を計算して税金を課し、しかも現金で納付しなければならないことに問題があります。自社株が相続財産の大部分を占めるオーナー経営者の場合には、相続を機に、会社も家族も不安定な状態になることがあります。オーナー経営者特有の問題であるといえます。

## 4　オーナー経営者は自社株以外のことも考えなくてはならない

　自社株の相続税評価も重要ですが、それ以外にも会社の経営（議決権、取締役の人選、幹部社員の人事、借入金の返済や個人保証、取引先との関係等）についても、考えておく必要があります。オーナー経営者以外に真剣に考えてくれる人はいません。

　ポイント整理

　　オーナー経営者の自社株の相続税評価額が、どのくらいの金額になるか把握することがスタートになります。

## 定款の内容を把握していますか？

自社の定款に「相続人等に対する売渡し請求に関する定め」の条項が含まれているかどうかを確認した方が良いとアドバイスを受けたことがありますが、なぜでしょうか？

### 回答

定款は会社の憲法のようなものです。相続人等に対する売渡し請求に関する定めの条項があれば、株主に相続が発生した場合、会社が相続人から株を買い取ることができます。この規定は両刃の剣になる可能性があることに注意が必要です。

### 解説

### 1　相続人等に対する売渡し請求に関する定めの内容

オーナー経営者の多くは最大株主であり、代表取締役であることから、定款の内容はほとんど気にしていないと思います。1つだけ、とても重要な項目があります。それは相続人等に対する売渡し請求に関する定めの条項です。もともと、相続により株式が分散することを防止するための条項です。この条項により、株主が死亡した場合に、会社は相続人から株式を買い取ることができます。

### 2　相続人は議決権を行使できない

相続人から株式を買い取る際には、株主総会の特別決議が必要ですが、その際、株式を相続した相続人は利害関係者になるため、議決に参加することができません。よって、オーナー経営者以外に、役員や従業員などが株式を保有している場合には、その株主の決議に委ねることとなります。同族以外の株主がいる場合には注意が必要です。株主の割合を意識することも重要です。

## 3　オーナー経営者の盲点

　大株主であり、代表取締役であるオーナー経営者の場合には、会社に関するあらゆることは、自分の一存で決定できると思いがちです。実際に生前はその通りです。しかし、相続が発生して、納税資金のために会社に株を買い取ってもらおうと思った時に、相続人が議決権を行使できないという事態が起こりかねません。

　相続財産のほとんどが自社株であり、納税資金を捻出するため、会社に株を買い取ってもらおうと準備している方もいるかもしれませんが、その時に株主総会でどんなことが必要になるのか、正確に理解しておきましょう。

> ### ポイント整理
>
> 　定款の「株式の相続制限」の条項は、オーナー経営者に相続が発生した際、重要になる項目です。事前に確認しておきましょう。

## 株主総会の権限を理解していますか？

自社の定款に「相続人等に対する売渡し請求に関する定め」の条項がある場合、会社が相続人等に株式の売渡し請求をすることができるとのことですが、実際の手続きはどのようになるのでしょうか？

### 回答

株式の売渡し請求は、会社に権利があります。実際の行使には、株主総会の特別決議が必要です。利害関係者は議決に参加できませんので注意が必要です。

### 解説

### 1 会社から相続人等に売渡し請求ができる要件

売渡し請求は会社側に権利があります。
⑴ 対象株式が譲渡制限株式であること
⑵ 定款に規定があること
⑶ 被相続人の死亡から1年以内であること
⑷ 株主総会の特別決議の承認を得ること
⑸ 取得原資（分配可能利益）があること

### 2 株主総会の特別決議が必要

株主総会で特別決議が必要である点には注意が必要です。この総会決議において、売渡し請求の対象となる株主（相続人等）は、他に議決権を行使することができる株主がいない場合を除き、議決権を行使することができません。

(例)
株主と割合：オーナー経営者：75%
　　　　　　役員A　　　　：15%
　　　　　　取引先B　　　：10%

　オーナー経営者が死亡して、会社から売渡し請求を決定するには、相続人以外の株主である役員Ａ（15％）と取引先Ｂ（10％）による特別決議（15％＋10％＝25％の３分の２以上なので、16.666％以上の賛成）が必要となります。役員Ａだけでも決定はできず、取引先Ｂにも賛成してもらう必要があります。

　定款に相続制限の規定があることは、必ずしも、オーナー経営者にとって、有利に働くというわけではありません。

## 3　買取り価格はどうなるか

　株式の売買価格は、会社と相続人等で協議して決定します。会社又は相続人等は、売渡し請求があった日から20日以内に、裁判所に対して売買価格の決定の申立てをすることができます。また、売渡し請求があった日から20日以内に協議が成立せず、裁判所への申立てがないときは、売渡し請求は効力を失うとされています。

　相続人としては、相続税の申告書で株式の相続税評価額を認識していますし、会社としては、純資産価格（純資産の部分を株数で割ったもの）も認識していますので、これらの金額を参考にして決定されることが想定されます。

## 4　みなし配当の特例

　相続発生時以外で自社株を会社に買い取ってもらうと、多額の「みなし配当」が認識されて、税負担が大きく（最高55％）なります。しかし、相続時に相続税の納付のために、自社株を会社に買い取ってもらう場合は、通常の株式譲渡と同様の分離課税（譲渡益の20.315％）で完結します（相続税の申告期限の翌日から３年以内）。また、相続税の取得費加算の特例も使えるため、税負担が軽減されます。納税資金の確保、自社株の現金化を考えるときに有力な選択肢になります。

## 5　その他の株主総会の決議事項（役員退職金）

　役員退職金の支給については、株主総会での決議を経て金額（具体的な金額は取締役会で決定することも可）を決定します。オーナー経営者

の中には、自分が支給を受ける退職金の金額を、後継者や株主に取引先がいるような場合は、知られたくないと考える方もいるかもしれません。しかし、後継者や株主が、決議事項を知らないということは手続きに瑕疵があることになり、税務上の否認リスクを抱えることになります。

> **ポイント整理**
>
> 　オーナー経営者は自分の一存ですべてのことを決定できるため、株主総会や取締役会を軽視しがちです。相続の際、相続人が利害関係者に該当すると、意に沿わない決議がされる可能性がありますのでルールと現状を確認しましょう。

## ケース4

### 自社株は相続人にとって厄介な財産か？

> 私はオーナー経営者ですが、家族からは自社株について「会社の経営には関与しておらず、自社株は配当もないし、相続税がかかるのならば事前に処分してほしい」と言われています。私は価値がある財産だと思っているのですが、相続人にとっては意味のない厄介な財産なのでしょうか？

### 回答

　会社の経営に関与していない相続人にとっては、自社株＝財産という認識は希薄であることが多いです。生前に現金化できるのであれば現金化して、収益化ができると理想的です。

### 解説

#### 1　相続人の本音

　相続人としては、もし価値があるのならば、その半分でも良いので現金で残してほしいというのが本音だと思います。会社の経営に関与している相続人であれば、株式を取得して経営を承継するという選択肢もありますが、経営に関与していない相続人の場合には、会社とコンタクトをすることですらストレスになります。その結果として、現状維持（買取りもせず、配当もなく、何もしない）になることが少なくありません。自社株は相続人にとって、とても厄介な財産になることが多いと思います。

#### 2　会社との関係

　会社の経営に関与していない相続人は、会社の状況を把握していません。もし会社の経営陣と対立した場合には、情報量が圧倒的に違うため、相続人は勝負になりません。株主の権限で取締役を交代させたとしても、現場で仕事がうまく回るかどうか分かりません。会社との関係に関して

は、経営に関与していない相続人は、圧倒的に弱い立場になります。生前、社長がワンマン経営であればあるほど、その分、従業員にはストレスが溜まっていることが多く、反動があることも容易に想像できます。

## 3　換金性が乏しいことが最大の欠点

　自社株は、すぐに誰かに売却できるわけではありませんので、換金性が乏しいです。国が勝手に決めた評価額で相続税を課して、それを現金で納付するという理不尽とも思える制度です。

　会社の資産（内部留保）を増やすよりも、個人に財産を移転することにより、個人の金融資産を増加させておいた方が相続税の観点、会社との関係性などを考慮したときに有益であると考えます。個人に移転した資産を、収益を生む財産に換えていくことにより、長期的には相続人にとっても、オーナー経営者にとっても、会社にとってもより良い財産構成になります。

　相続人にとってのメリットは、相続税で困らない、収益があれば生活費の不安がなくなることです。オーナー経営者にとっても収益があることは、引退後の生活が安定したものとなり、相続についての煩わしさから解放されます。会社にとっては、オーナー経営者の相続により会社の経営が影響を受けにくくなり、経営、資金繰りなどが安定することになります。自社株に換金性がなく、その自社株が財産の多くの部分を占めているということが、これらの問題の出発点になっています。

### ポイント整理

　事業を承継しない相続人にとって自社株は、厄介な財産になることが多いです。相続と事業承継で、相続人同士、もしくは、相続人と会社でもめることがないよう準備をしておきたいところです。

## ケース5

## 会社への遺言書

> 自分に相続が発生した場合に備えて、会社への遺言を残すことはできますか？　残された役員や従業員が困らないようにしておきたいと考えています。

### 回答

会社宛てに遺言を残すことは可能ですが、法的な効力はありません。法的な効力はなくとも、残された方にとって、重要な情報が整理された状態で残されているととても有益です。リスクを認識するためにも、情報を整理しておくと良いでしょう。

### 解説

### 1　誰がリーダーになるか

どういう理由で誰が後継者になり、後継者になった場合に、どのような課題があるかを明確にしておくことが重要です。オーナー経営者がいなくなった会社は、会社が抱えている問題や課題を後継者が迅速に把握する必要があります。

代表取締役であるオーナー経営者が亡くなった場合には、取締役会で代表取締役を選任しますので、取締役会のメンバーの選定は重要です。

### 2　株主との関係はどうなるか

どの相続人が、株主になるのかは会社には分かりません。また、株主（株式を相続した相続人）は、納税のために株式を現金化する必要があるのかどうか、その場合には、会社に自己株の買取り原資となる現金があるかどうかなど、事前に確認及び準備が必要です。

### 3　財務的なこと

(1)　会社からの借入金の返済と個人保証

(2) 死亡保険金の受取りと死亡退職金の支払い

(3) 今後の役員報酬の水準など

(4) 社宅、社用車の取扱い

(5) その他（人事、株式の買取り等）

　法的な効力はなくとも、会社に遺言を残すことは、残された会社にとって大きな指針となります。

　家族（相続人）に宛てた遺言書の中に、会社のことを記載しても問題はありませんが、その内容を会社の方にも開示する可能性があるので、会社向けの内容は別途用意した方が適切です。

　具体的には、専門家に相談して種類株やさまざまな契約書等で、法的拘束力を持たせることが必要です。

---

### ポイント整理

　オーナー経営者が死亡した場合には、人材が離脱したり、売上が大きく落ち込んだりすることが想定されます。オーナー経営者に万が一のことがあっても事業継続に支障がないような体制を事前に整えておくことが大切です。

## COLUMN
## 保険金の年金受取りで利益を平準化

　法人を契約者とする生命保険の被保険者が死亡（以下、支払事由発生）した際、保険金は基本的に一時金で支払われます。

　つまり、法人は死亡保険金が益金になってしまい、高額な法人税を支払う羽目になりかねません。そこで「年金支払特約」という特約を用いることで、高額な益金を平準化することができます。

　この「年金支払特約」を付加すると保険金を年金のように分割で受け取ることができます。

　すべての保険契約で適用できるわけではありませんが、5年・10年・15年などと期間に応じて分割で受け取る方法や、受取り開始時期を設定する方法などがあります。

　しかし、この経理処理には注意点があります。支払事由発生時あるいは発生後に「年金支払特約」を付加した場合は、資産計上との差額を全額益金計上しなければいけません。

　すなわち「年金支払特約」を付加するタイミングによって法人の経理処理は変わってしまうということです。

　「年金支払特約」をあらかじめ付加したとしても、受け取る際にはその時の会社の状況に応じて「一括受取」にするか「年金受取」にするかを選択することができます。

## 家族への遺言書

　私の相続人は、長男と長女の 2 人です。財産はすべて長女に相続させたいという希望で、遺言書を作成しようと考えております。どのような手続きをすれば良いでしょうか？　遺言書があればすべて安心でしょうか？

### 回答

　相続人が 2 人以上で、特定の相続人に相続したい場合は遺言書が必要です。また、相続人以外の方へ財産を渡したい場合も遺言書が必要です。

### 解説

#### 1　遺言書の作成

　遺言書の作成は、大きく分けると**自筆証書遺言**と**公正証書遺言**になります。公正証書遺言は、非常に強い法的効力を持っています。作成するためには、原則として、公証人役場に行き作成します（依頼すれば、公証人が出張してくれる場合もあります）。公証人の費用はかかりますが、不動産の登記などの財産の名義変更は、公正証書遺言の正本があれば可能です。遺言書がなければ、相続人全員により遺産分割協議を行い、誰がどの財産を取得するかを決めることになります。相続が「もめる」というのは、この遺産分割協議が整わないことをいいます。**遺言書の存在は、もめない相続のための最初の準備といえます**。また、なぜそのような遺言書を作成したかという「想い」を付言として残すことは、相続人にとっても重要な意味を持ちます。

#### 2　遺言書の限界

　遺言をすれば、どのような内容でもその内容通りになるかというと、そうではありません。遺言書の内容が、相続人の「**遺留分**」（最低限、取得することができる部分。兄弟姉妹以外の相続人に認められる。兄弟

姉妹には**遺留分はない**）を侵害した場合には、相続人は遺留分を請求することができます。よって、本件の場合には、長女にすべての財産を相続させるという遺言書があったとしても、長男は遺留分（本件の場合には、全財産の4分の1が長男の遺留分）を長女に請求することができます。遺留分の請求をするには期限があり、遺留分を侵害されていることを知った日から1年以内に行わなければなりません。

　どうしても、生前に長女にすべての財産を相続させることを確定させておきたい場合には、**遺留分の放棄**という方法があります。あらかじめ、長男が家庭裁判所で手続きを行い遺留分の放棄をします。その放棄が家庭裁判所で認められた場合、遺留分を侵害している遺言書でも、その内容は確定します。ただし、あくまで長男が本人の意思で遺留分の放棄をする必要があります。他から強制された場合には無効になります。手続き自体は簡単です。

　また、債務に関しては、遺言書で指定したとしても相続人全員の連帯債務となります。

## 3　孫、子の配偶者、お世話になった方への遺産

　相続では財産が残せない人（相続権のない孫、子の配偶者、その他お世話になった人）に財産を残したい場合には、遺言書が必要になります。これらの人には、遺言書がなければ財産を残すことはできません。

## 4　意味のない遺言書

　不動産を相続させるのに、不動産を法定相続分、又は共有で相続させるという遺言書を見ることがあります。法定相続分で遺言を残すくらいならば、遺言書がなくても同じですので意味のない遺言書です。共有になった不動産は、将来的に、その処分をめぐって相続人同士でどうするかを話し合って決めなければなりません。問題を先送りする遺言書であり、将来にもめ事を残すことになりかねないものであり、可能な限り避けるべきです。

## 5　法務局での「自筆証書遺言書保管制度」

　法務局での自筆証書遺言書の保管制度がスタートしました。自筆証書遺言を作成し、それを法務局で保管してもらう制度です。遺言書の検認手続きが不要になり、低コストで、安心感があります。今後、利用が増加すると見込まれます。

## 6　遺言書に付言をつける

　遺言書を残すということは、法定相続分とは異なる、不平等な遺産分割を指定することを意味します。その場合には、なぜそのような相続分になったのかという理由を遺言書に付言として付けておくと、相続人の間の関係が悪化することを回避できる可能性があります。

---

### ポイント整理

　相続人が2人以上いる場合、偏った財産の配分をする場合には、遺言書が必要です。偏った財産の配分を意図する遺言書の作成には、遺言書の限界（遺留分、債務の取扱）を考慮するようにしましょう。

## COLUMN
### 生命保険契約の一括照会制度

　生命保険は万一の際に保険金がきちんと支払われることにより本来の目的が達成できますが、加入している保険契約を把握していなければ請求すらできません。

　2021年7月1日、生命保険協会にて保険契約の有無を紹介するサービス「生命保険契約照会制度」が開始されました。

　このサービスは生命保険協会がお客様に代わって、40社を超える保険会社各社に生命保険契約の有無を確認します。昨今の超高齢化社会において、一人暮らしの高齢者の死亡や認知症の発症により、本人や家族も保険契約を把握しきれないケースが想定されます。

　この制度の活用により、貰えるはずの保険金の請求漏れを未然に防ぐことへの効果が期待されています。

　照会対象となる契約は有効中の個人保険のみで、法人契約の保険や支払開始後の年金保険、保険金が据え置きとなっている契約は照会することができません。また、照会は契約の有無に限定され、保険種類の調査や保険金請求の代行はできませんので注意が必要です。

## 認知症になった場合の備え

> 先代の父が認知症の可能性があります。まだ一部の自社株を所有しているのですが、どういった問題があるのでしょうか？

### 回答

認知症と診断された場合、意思能力の欠如から契約行為ができなくなり、自社株の承継ができなくなってしまいます。また、先代が過半数以上の株式を持っている場合には、株主総会を開催して何らかの決め事を決議することが難しくなります。

### 解説

### 1　オーナー経営者が認知症になったらどうなる？

(1)　契約行為ができなくなり、新規の取引が行えない

(2)　金融機関からの借入れができない

(3)　事業承継・相続対策が行えない

特に(3)　事業承継・相続対策では下記のような対策がしにくくなります。

- ・　後継者への株式譲渡
- ・　自社株評価の引き下げ対策
- ・　暦年贈与
- ・　自宅や個人資産の売却　　等

### 2　一般的な対策例

(1)　成年後見人制度　≪法定後見制度・任意後見制度≫

(2)　信託

(3)　種類株式、属人的株式

(4)　介護・認知症保険

　上記の他にもさまざまな対策があり、また、会社や家族の状況に応じて最適な解決方法も異なります。弁護士など士業の方でも、慣れていない人がプランニングした場合は、思惑通りの効果が得られない可能性もあるため注意が必要です。

ポイント整理

　認知症は誰もがなる可能性があります。認知症になると自分の計画通りにならない可能性があります。まずは、ご自身がどうしたいかという設計図を描くことが重要です。

## 生命保険が認知症対策に役立つ

　認知症になった際に起こるトラブルとして、金融機関が本人の判断能力の低下で口座取引を制限し「預貯金が引き出せなくなる」ことが挙げられます。

　こうしたトラブルを防ぐための制度が「信託」や「後見人制度」です。他にも生命保険の制度を活用することが有効な方法です。

　生命保険も預貯金と同様、本人が認知症になると解約して現金化したり、給付金を請求したりすることができなくなります。

　そこで「指定代理制度」と「契約者代理制度」を活用することで、本人に代わって家族が必要な時に積立金を現金化、また給付金を請求することが可能になります。

　この制度は個人で生命保険に加入している場合に活用できる制度ですが、あらかじめ特約として付けておく必要があります。

　しかし、ほとんどの個人契約に本特約を付けていないのが現状のようです。また本制度を採用していない保険会社もありますので、まずは加入中の生命保険を確認してみてください。

第 **2** 章

# オーナー経営者だからできること（手元資金を最大化する）

## 決算期の決め方と役員報酬

> 当社は、３月決算の法人ですが、年間売上の30％が３月に集中しています。そのため毎年、何の対策もできずに決算を迎えています。当社のように季節変動がある会社には、何か良い方法はありますか？また、役員報酬を決定する際に考慮すべきことはありますか？

### 回答

決算期は、会社都合で変更可能です。売上のピークを期首にすると収益の予想の精度が上がります。ご質問のケースでは、売上のピークである３月を期首にして、２月を決算期に変更した方が対策を立てやすいといえます。役員報酬を増額することも検討しやすくなります。

### 解説

### 1 決算期の決め方

売上に季節変動がある会社は、期首に売上のピークが来るようにすると、節税の対策を検討しやすくなります。会社Ａと会社Ｂは年間の売上金額は同じです（次頁図）。会社Ａは期首に売上のピークが来ているので、このピークの売上を踏まえて役員報酬の金額を決定することができます。

一方、会社Ｂの場合は、ピークにどの程度の売上があるか未確定のため、役員報酬等はある程度の予想をして検討する必要があります。期末になって急に対策を検討するといっても選択肢に限界があります。会社Ａの方が、ゆとりある決算対策をすることができると考えられます。

&lt;会社Ａ＞　売上の推移

| Ⅰ期 | Ⅱ期 | Ⅲ期 | Ⅳ期（決算） |

&lt;会社Ｂ＞売上の推移

| Ⅰ期 | Ⅱ期 | Ⅲ期 | Ⅳ期（決算） |

## 2　決算期の変更が有効な場合

　期中での状況の変化により、期末までに大きな売上が見込まれるような場合には、決算期変更を行い、新たな事業年度に大きな売上を計上することも可能です。新たな事業年度になりますので、役員報酬などの固定費についても、見直すことは可能になります。期中での状況変化がある場合に有効です。

## 3　役員報酬の金額

　役員報酬は、原則、年に１回しか変更ができません。よって、収益の予想の精度を上げることにより、より適切な役員報酬の金額を設定することが可能になります。

　オーナー経営者が役員報酬を増額するかどうかを判断する際に、考えるべき事項は以下の通りです。

　(1)　役員報酬が増加した場合に、所得税・住民税がどのくらい増加するか

　(2)　法人税は、どのくらい低下するか

　(3)　社会保険料が上限を超えているかどうか

⑷　法人税の利益が減少すると自社株の株価額が減少するかどうか

⑸　役員報酬の増額は、退職金の税法上の支給限度額を増額するか（その逆もあり）

## 4　法人税・所得税・相続税のバランス

　法人で課税を受けた場合には、社内留保という形（形態としては預金であったり、固定資産であったりします）で蓄積されますが、個人で自由に使うことはできず、個人へ移転する際には、配当として課税されます。そして、社内留保の増加は、相続税の対象となる株式の評価額を引き上げる場合があります（会社の規模による）。

　法人税の実効税率を把握して、積極的に役員報酬を増額するという考え方もあります（その逆もあります）。法人税・所得税・相続税のバランスを考えて、役員報酬を決定すると良いでしょう。

ポイント整理

　役員報酬の金額は、会社の損益に影響するだけでなく、退職金の税法上の支給額にも影響を与えます。退職時期を考え始めたら、退職金と役員報酬の最適な金額の組合せを確認しましょう（本章ケース8参照）。

## ケース 2

### 役員社宅は所得税の節税効果が大きい

　会社が借上げたマンションを自宅として使用しています。節税になっていると思うのですが、どのような仕組みで、誰が得をするのか教えてください。

### 回答

　役員社宅は、役員・個人の所得税が節税になります。

　役員の住宅用に、会社名義でマンションを賃貸契約した場合には、会社は役員から家賃を徴収する必要があります。無償だと経済的な利益に課税されてしまいます。通達（所得税基本通達36-40、36-41）では、賃貸料として「通常の賃貸料の額」（家賃として支払う金額の50％に相当する金額）を徴収していれば良いことになっています。結果として、役員の所得税が軽減されることになります。

### 解説

### 1　設例でメリットを確認
（設例）役員社宅の借上げ

　会社が、役員Aの住宅用としてマンションの1室（月額家賃20万円）を不動産会社から借上げました。役員Aからは、不動産会社への支払額の50％相当額である10万円を家賃として徴収しています。

(1)　（社宅実施前）役員Aは、給与の手取金額から20万円を負担しています。
(2)　（社宅実施後）会社が家賃20万円を負担します。役員Aは会社に家賃10万円を支払います。
(3)　役員報酬の金額を以前と同じ金額で支給すれば、家賃の支払いが20万円から10万円になりますので、手取り金額は増加します。また、

同じ手取り金額で比較すると、所得税等、社会保険料の負担が軽減される効果があります。

## 2　通常の賃貸料の額

〈小規模住宅の場合〉

　小規模住宅とは…

・法定耐用年数30年以下の建物：床面積が132平方メートル以下である住宅

・法定耐用年数30年を超える建物：床面積が99平方メートル以下（区分所有の建物は共用部分の床面積をあん分し、専用部分の床面積に加えたところで判定）である住宅

　次の(1)から(3)までの合計額が賃貸料相当額になります。

(1)　（その年度の建物の固定資産税の課税標準額）×0.2％

(2)　12円×（その建物の総床面積（平方メートル）／（3.3平方メートル））

(3)　（その年度の敷地の固定資産税の課税標準額）×0.22％

〈小規模住宅以外の場合〉

①　自社所有の社宅の場合

　次のイとロの合計額の12分の１が賃貸料相当額になります。

　　イ　（その年度の建物の固定資産税の課税標準額）×12％

　　　ただし、法定耐用年数が30年を超える建物の場合には12％ではなく、10％を乗じます。

　　ロ　（その年度の敷地の固定資産税の課税標準額）×６％

②　他から借り受けた住宅等を貸与する場合

　会社が家主に支払う家賃の50％の金額と、上記①で算出した賃貸料相当額とのいずれか多い金額が賃貸料相当額となります。

　※豪華住宅とされると…

　　豪華住宅とされると通常支払うべき使用料に相当する額が「通常

の貸借料の額」となります。豪華社宅とは床面積が240平方メートルを超えるもののうち、取得価額、支払賃貸料の額、内外装の状況等各種の要素を総合勘案して判定します。

　なお、床面積が240平方メートル以下であっても、一般に貸与されている住宅等に設置されていないプール等の設備や役員個人のし好を著しく反映した設備等を有するものについては、豪華社宅に該当することとなります。

## 3　社会保険料にも恩恵

　給与の支給額が減額される場合、社会保険料も減額されます。税金と社会保険料とを合計すると効果は絶大です。

---

**ポイント整理**

　社宅は、オーナー経営者の手取り金額を効果的に増加させます。社長以外の役員にも適用できます。

---

## 減価償却の仕組みを理解して活用する（社用車）

> 友人の社長は、3年ごとに車を買い替えています。新車に買い替える場合もあれば、中古車の場合もあるようです。高級車のセールスマンが、車両を利用した節税方法があると言っていましたが、その話と関係があるのでしょうか？

### 回答

　新車の乗用車の減価償却耐用年数は6年です。つまり6年間で経費になります。新車で2,000万円の高級車も6年経てば、1円の簿価になります。定率法で償却する場合には、前半の3年で約80％が償却されます。また、中古資産の場合には、さらに減価償却が加速されます。

### 解説

#### 1　新車を購入

　新車を購入して数年が経過し、簿価が低下した段階で売却すると、売却益が見込まれることがあります。減価償却のカーブと実際の時価の低下するカーブに差があるからです。

　また、会社の財産を個人が買い取り、個人の資産として使用することも可能です。会社から個人へ移転する際には、時価での売買となりますので、ディーラーに査定をしてもらいましょう。その査定金額が時価となります。

　高級車の場合には、色や型式も重要です。人気がある色の場合には、高めに売れることがあります。

#### 2　中古車を購入

　中古車を購入すると、減価償却の際の耐用年数が短くなります。初回登録から6年を経過した乗用車の耐用年数は、2年[注]になります。よって、中古の高級車でも2年間で減価償却をして費用になります。減価償

却を集中して計上するイメージです。

(注)　中古資産の耐用年数

　(1)　法定耐用年数の全部を経過した資産：その法定耐用年数の20％に相当する年数

　(2)　法定耐用年数の一部を経過した資産：その法定耐用年数から経過した年数を差し引いた年数に経過年数の20％に相当する年数を加えた年数

　　　なお、これらの計算により算出した年数に 1 年未満の端数がある時は、その端数を切り捨て、その年数が 2 年に満たない場合には 2 年とします。

　※　中古資産の耐用年数の見積りは、その中古資産を事業の用に供した事業年度において耐用年数の見積りをしなかった時、その後の事業年度において耐用年数の見積りをすることはできません。

　※　この中古資産の耐用年数は、建物などの他の資産でも上記の規定が適用されます。

---

**ポイント整理**

　減価償却の仕組みを理解することは節税につながります。中古資産の減価償却のルールは、車両のみならず、不動産や美術品などの減価償却資産にも適用されます（本章ケース 9 参照）。

## 修繕費を上手に活用する

修繕費を損金に計上する方法はあるのでしょうか？ 外壁の塗装は、修繕費になると聞きましたが本当でしょうか？ またLEDランプの取り替え費用はどうでしょうか？

### 回答

1回20万円未満の修繕又は3年周期の修繕を行うようにするとよいでしょう。

修繕費は、税務調査などで指摘を受けやすい項目です。20万円未満の修繕は、資本的支出に該当したとしても損金になります。また、おおむね3年以内に行う修理も損金になります。外壁の塗装ですが、通常の原状回復のための塗装であれば20万円超であっても損金になります。防水塗装など、品質の向上、使用期間の延長が期待できる場合には資本的支出となり減価償却の対象になります。

### 解説

### 1 損金に計上できる修繕費

法人税基本通達では、1回の修繕の金額が20万円未満のもの、おおむね3年以内の周期で行われている修繕は、損金算入して良いことになっています。

また、修繕費にはもう少し細かい規定があり、修繕と資本的支出との区分ができない場合など、損金に計上できる場合があるので、事前に確認するのが良いでしょう。

### 2 LEDの取り替え費用（国税庁の質疑応答より）

国税庁HPの質疑応答の中で、以下の通りLEDの取り替え費用は修繕費として処理して差し支えないと判断しています。

「蛍光灯を蛍光灯型LEDランプに取り替えることで、節電効果や使用

可能期間などが向上している事実をもって、その有する固定資産の価値を高め、又はその耐久性を増しているとして資本的支出に該当するのではないかとも考えられますが、蛍光灯（又は蛍光灯型LEDランプ）は、照明設備（建物付属設備）がその効用を発揮するための1つの部品であり、かつ、その部品の性能が高まったことをもって、建物付属設備としての価値等が高まったとまではいえないと考えられますので、修繕費として処理することが相当です」

## 3　参考資料

（少額又は周期の短い費用の損金算入）法人税基本通達7－8－3

一の計画に基づき同一の固定資産について行う修理、改良等（以下7－8－5までにおいて「一の修理、改良等」という）が次のいずれかに該当する場合には、その修理、改良等のために要した費用の額については、7－8－1にかかわらず、修繕費として損金経理をすることができるものとする（昭和55年直法2－8「二十六」により追加、平元年直法2－7「五」、平15年課法2－7「二十」、令4年課法2－14「二十二」により改正）。

(1) その一の修理、改良等のために要した費用の額（その一の修理、改良等が2以上の事業年度にわたって行われるときは、各事業年度ごとに要した金額、以下2－8－5までにおいて同じ）が20万円に満たない場合

(2) その修理、改良等がおおむね3年以内の期間を周期として行われることが既往の実績その他の事情からみて明らかである場合

　　(注) 本文の「同一の固定資産」は、一の設備が2以上の資産によって構成されている場合には当該一の設備を構成する個々の資産とし、送配管、送配電線、伝導装置等のように一定規模でなければその機能を発揮できないものについては、その最小規模として合理的に区分した区分ごととする。以下7－8－5までにおいて同じ。

> **ポイント整理**
>
> 　金額が大きくなりがちな修繕費を上手に経費計上できると節税につながります。水道光熱費が高騰する中で、断熱や照明のLED化等も検討したいところです。

## ケース 5

## 公的制度の活用

　中小企業のための公的制度について教えてください。加入するメリットはあるのでしょうか？

### 回答

　使い方を知っていると、公的制度はとても有利です。「小規模企業共済」「中小企業倒産防止共済（経営セーフティー共済）」「中小企業退職金共済」は、節税の王様です。しかも、中小機構（基本的には国）が運営しているのも安心感があります。

### 解説

#### 1　小規模企業共済

　小規模企業共済は、中小企業の役員のための制度で、積立金は所得控除になります。積み立てた金額の支給を受ける場合には、退職所得となるとても有利な制度です。弁護士、税理士等で開業している方々も多く加入している制度です。業種によって加入要件が異なりますので、該当するかどうか検討してみましょう。所得控除になるということは、個人の所得税の節税になります。この掛金を受け取る際には、退職所得の区分（一括受取り）か雑所得（公的年金等として分割）を選択できます。

#### 2　中小企業倒産防止共済（経営セーフティー共済）

　中小企業倒産防止共済は、取引先の倒産に備える制度ですが、実際には利益の繰延効果があります。掛金は月額20万円までの金額が全額損金計上できます。ただし、月額20万円の上限に加えて、掛金の総額は800万円が上限になります。こちらは、個人事業又は会社の損金（必要経費）として計上されますので、会社の場合には法人税の節税になります。

## 3 中小企業退職共済

中小企業の従業員を対象とした退職金共済制度です。従業員の退職金を勤労者退職金共済機構に積み立て、従業員の退職時には、直接、退職金として従業員へ支払われる制度です。掛金は全額損金に計上できます。これにより、退職金の費用負担を平準化できます。

## 4 まとめ

| 制度の名称 | 内容 | 運営 |
|---|---|---|
| 小規模企業共済 | （対象）　個人事業者・中小企業の役員<br>（メリット）<br>　月額最高7万円までの掛金（個人負担）が、個人の所得税の所得控除になります。<br>　共済金の受取りは、退職所得になりますので、退職金の準備を有利に行うことができます。 | （独）中小企業基盤整備機構 |
| 中小企業倒産防止共済（経営セーフティー共済） | （対象）　事業開始後1年超の個人事業者・法人<br>（メリット）<br>　月額最高20万円までの掛金が、必要経費又は損金になります。取引先の倒産の場合の融資制度がありますが、それよりも解約手当金（40ヵ月以上で100％返戻）による節税にメリットがあります。 | |

| 制度の名称 | 内容 | 運営 |
|---|---|---|
| 中小企業退職金共済 | （対象）　個人事業・中小企業の従業員（全員加入）<br>※役員は加入できません。<br>（メリット）<br>　退職金原資の積立てを行うことができます。掛金は、必要経費・損金になります。また、国からの補助を受けることができる場合もあります。<br>（注意点）<br>　脱退する際に、積立て不足があると、その分を補てんしたうえで脱退しなければなりません。 | （独）勤労者退職金共済機構 |

---

> **ポイント整理**
>
> 　中小企業のための公的制度は、ほぼすべての方にとって非常に有利な制度です。小規模企業共済と中小企業倒産防止共済は、加入要件を満たしているならば、まず、加入しておいて間違いありません。

## 知らないと損する旅費規程

> 友人の会社社長から「うちの会社では旅費規程を作って節税している」と聞いたことがあるのですが、本当に節税になるのでしょうか?

### 回答

　旅費規程は、有利な節税方法です。旅費規程で役職ごとの「往復の運賃」「日当」を規定すると、その金額は旅費交通費として損金になります。一方で、旅費交通費の支給を受けた役員・社員は、その金額をそのまま使っても、節約してディスカウントショップで安いチケットを購入してもOKです。支給額と支出額の差額は、個人の小遣いになります。大企業でもこの方法を採用しています。

### 解説

### 1　規程の種類

　旅費規程をはじめ、福利厚生規程、退職金規程、役員退職金規程など制定しておいた方が都合が良い規程があります。節税という意味では、旅費規程はとても有効です。

| 規程の種類 | 内容 | 有効度 |
|---|---|---|
| 国内出張旅費規程 | 国内出張を距離等で規定し、日帰りと宿泊の別、役職ごとの利用クラス(グリーン車の利用の可否等)と日当を規定する。 | ◎ |
| 海外出張旅費規程 | 海外出張を地域別に規定し、利用クラス、日当、支度金の有無等を規定する。 | ◎ |
| 福利厚生規程 | 従業員の慶弔関係について規定しておく。 | ○ |
| 退職金規程 | 従業員の退職に際して、支給する退職金の計算の基礎になる。 | ○ |

| 規程の種類 | 内容 | 有効度 |
|---|---|---|
| 役員退職金規程 | 役員の退職慰労金の支給について規程を作成する。役員の退職慰労金の算定基礎になる。 | ◎ |

## 2　規程は万能か

　規程に記載されている金額がそのまま税務上、認められるかというとそうではありません。例えば、出張日当として1日20万円を支給するとしても妥当とはいえません。会社の規模や業務の内容等を踏まえて、適正と判断される金額である必要があります。

> ### ポイント整理
>
> 　旅費交通費の金額は少額でも、年間で集計すると結構な金額になることがあります。旅費規程を制定すると、オーナー経営者の手取り金額を増加させるのに効果的です。

## 非課税となる経済的利益

. . . . . . . . . . . . . . . . . . . . . . . . . . . . . . . . . . . . . . . . . . .

1．永年勤続者に支給する表彰記念品（所得税基本通達36－21）

　次の要件を満たすものは、給与として課税しなくてよいものとしています。

　⑴　社会通念上相当と認められること。

　⑵　勤続年数がおおむね10年以上の者を対象とし、かつ、2回以上表彰を受ける者については、おおむね5年以上の間隔があること。

　※金銭での支給、ギフト券での支給は原則課税対象です（ただし、旅行ギフト券の場合に、1年程度の期間に使用されており、会社でも確認をしている場合には非課税としてよい）。

2．社員旅行（所得税基本通達36－30）

　国内旅行、海外旅行を問わず、その期間が4泊5日以内であり、その旅行に参加する従業員等の数が全従業員等の50％以上であること。

　ただし、費用があまり高額になるような社員旅行は、給与として課税されます。当然、ビジネスクラス利用等は、給与（役員については役員賞与）として課税されます。

3．食事代（所得税基本通達36－38の2）

　食事代については、役員又は従業員が50％以上を負担し、会社の負担額が3,500円（税抜）以下である場合には、給与として課税されないこととしています。

　社員1人7,000円分の食券（全国共通お食事券など）を支給する場合には、個人が3,500円を負担（給与から控除）していれば要件を満たします。筆者もサラリーマン時代にこの制度の恩恵にあずかりました。福利厚生として、従業員に喜ばれる制度の一つです。

## ケース 7

## 期末でも間に合う 4 つの節税対策

> 当社は、10 月末が年度末ですが、当初の予想よりも大幅に利益が増加していることに最近気付きました。この期末直前の時期でも可能な節税対策はありますか？　無理な節税対策をして、税務調査の際に問題になることは避けたいと考えています。

### 回答

期末日前ならば対応可能な対策はあります。短期前払い費用の特例、決算賞与なら期末までに対応すれば十分間に合います。

### 解説

### 1　検討をしたい節税対策

（1）　短期前払い費用の特例

**短期前払い費用の要件**をまとめると以下のようになります。

① 　一定の契約に基づいて継続的に役務提供を受けるために支出した費用であること。

② 　期間が 1 年以内であること

③ 　毎期継続して支払った時に損金に計上していること

④ 　実際に支払っていること

一般的には、継続的に均質な役務提供がされるものが対象とされていますので、家賃、保険などは対象になります。しかし、コンサルティング契約、税理士の顧問契約などは均質ではないので、対象にならないと考えられています。

（2）　含み損失の実現

不動産、ゴルフ会員権等の**含み損失を抱えている資産を売却して損失を実現**させることができれば、所得を圧縮する効果があります。グループ法人に売却する際には、グループ法人税制の適用に注意してください

（損失は認識されません）。

(3)　評価損・除却損

　棚卸資産等、**一定の要件に該当した場合には、税務上の評価損を計上**することが可能です。また、資産価値・商品価値がなくなってしまったものについては、除却してしまった方が有利になることがあります。何年間か会社の倉庫に保管して、その後に処分するならば、早めに損失を計上して利益を圧縮した方が有利といえます。

(4)　決算賞与

　**決算期末までに各人に個別に支給額を通知**して、**決算期末から１ヵ月以内に支給**した場合には、決算賞与は損金に計上できます。ただし、本当に期末までに支給額を通知していることが要件になります。税務調査では、パソコンで文書ファイルのプロパティを見られることもありますので、期末までに通知するようにしましょう。

## 2　税務調査での対応

　税務調査で問題にならないように通達の内容を意識して、その内容に沿った処理をすることがポイントになります。

（短期の前払費用）法人税基本通達２－２－14

　前払費用（一定の契約に基づき継続的に役務の提供を受けるために支出した費用のうち当該事業年度終了の時において、まだ提供を受けていない役務に対応するものをいう。以下２－２－14において同じ）の額は、当該事業年度の損金の額に算入されないのであるが、法人が、前払費用の額でその支払った日から１年以内に提供を受ける役務に係るものを支払った場合において、その支払った額に相当する金額を継続してその支払った日の属する事業年度の損金の額に算入しているときは、これを認める（昭55年直法２－８「七」により追加、昭61年直法２－12「二」により改正）。

　㊟　例えば借入金を預金、有価証券等に運用する場合のその借入金に

係る支払利子のように、収益の計上と対応させる必要があるものについては、後段の取扱いの適用はないものとする。

（評価損の計上）法人税基本通達9－1－4及び9－1－5
　商品が著しく陳腐化した場合には、評価損の計上ができるとしています。その陳腐化した状態の例示として以下のものをあげています。

| 陳腐化の例示 | 季節商品の売れ残りで、今後、通常の価額では販売することができないことが既往の実績などで明らかなこと。 |
| --- | --- |
| | 商品の使い方は変わらないが、型式、性能、品質等が著しく異なる新製品が発売されたことにより、この商品の販売が通常の方法ではできないようになったこと。 |
| | 破損、型崩れ、棚さらし、品質変化などで通常の方法では販売できなくなったこと。 |

### ポイント整理

　期末の時点でも無理することなく実行可能な節税対策はあります。税務調査で否認されない節税対策であることが重要です。

## 資産の移転 1 （役員報酬・退職金）

> 退職金と役員報酬には相関関係があるということですが、役員報酬が少ないと受給できる退職金の金額が少なくなるということでしょうか？

### 回答

役員報酬と退職金のバランスを考える上で以下のポイントを知っている必要があります。役員報酬と退職金には、最適なバランスがあります。

### 解説

#### 1 役員報酬は累進課税

役員報酬は給与所得なので、総合課税で税率は累進課税になります。よって、他の所得と合算して最大55％の所得税・住民税が課税されます。

#### 2 退職金は退職所得控除があり、かつ、分離課税（定率）で課税

退職金は退職所得控除額（勤続年数による）があり、税制優遇の取扱いがあるため、役員報酬と比較するとかなり低い税負担になります。

#### 3 役員報酬をゼロにして、すべて退職金で支給したらどうか

役員報酬の税負担が大きく、退職金の税負担が低いならば、役員報酬をゼロにしてすべてを退職金で支給すれば良いと思ってしまいますが、それはできないことになっています。

退職金が法人税で経費として認められる金額（税法上の損金算入限度額）というものが存在します。原則として、以下の算式で計算されます。

最終月額報酬×勤続年数×功績倍率（創業社長で3.0程度）＝損金算
入限度額

　つまり、役員報酬をゼロにすると、損金算入限度額が小さくなってし
まいます（実際に役員報酬がゼロの場合でも、状況に応じて退職金の支
給は可能です）。

## 4　最適な退職金と役員報酬の組合せ（所得税・住民税が最小になる組合せ）

　勤続年数（何年後に退職する）が決まれば、会社の財務状況を勘案し
て、どのくらいの退職金を支給するかに応じてシミュレーションをして
おくのが良いと思います。
＜シミュレーションの例＞
　5年後に退職したい（5年後に勤続年数30年になる）
　退職金は、会社の財務状況を考慮して総額1億円を支給したい
　現在の役員報酬は月額100万円（総額）
(1)　退職金の損金算入限度額はいくらか
　100万円×30年×3.0＝9,000万円（現状では1億円の退職金は難しい
かもしれない）
(2)　退職金1億円の損金算入が可能となる最終月額報酬はいくらか
　1億円÷30年÷3.0＝111.11万円（約111万円）
(3)　結論
　役員報酬を111万円にして、退職金1億円をもらうか、役員報酬は100
万円のままで、退職金を9,000万円もらうかのどちらかの選択になりま
す。退職金を損金算入限度額で支給することは、個人の所得税の節税に
なります。

## 5　スケジューリング

　退職を意識し始めたら、以下の点を確認してスケジューリングを始め
ると良いプランニングができます。
(1)　退職の時期

(2)　退職金の予定額

　(3)　役員報酬の金額

　(4)　退職金に充当できる金額（会社の余剰資金、保険、その他積立て
　　　など）

　上記の項目が決まれば、自ずと最適なバランスが決定します。簡単な
プランニングですが、とても効果は大きいです。

---

### ポイント整理

　退職金は、税金面ではとても優遇されています。退職金と役員報
酬の金額は、退職時期が決定すれば最適な金額の組合せがあります。
必ず事前に確認して準備しましょう。

## COLUMN
## 退職金の一部として生命保険を現物支給

　退職金は現金で支給するのが一般的ですが、法人名義の不動産や生命保険を退職金の一部として個人に支給（譲渡）することができます。これを「現物支給」と呼びます。

　退職金の財源確保を目的に生命保険を活用されているケースは多いと思います。

　この場合、退職時に生命保険を解約して退職金の財源にするのが一般的ですが「現物支給」では保険を解約せず契約者を法人から個人に名義変更（譲渡）する形になります。

　「現物支給」するメリットとして、個人の保障を確保することで先々の相続対策に活用できる点、生命保険の種類によっては退職金の評価額を抑えられる点があげられます。

　退職後に個人で新たに生命保険に加入しようと思っても、健康上の不安から加入ができないといった可能性も考えられますので、生命保険の現物支給は有効な方法といえるでしょう。

## 資産の移転2（不動産・車両・美術品など）

> 個人の資産を会社に移転することの効果は何でしょうか？

### 回答

個人の資金を会社に移転することにより、会社から個人に資金を移転することができます。また、会社は資産の維持費用が経費化でき、個人の手取り金額が大きくなる効果があります。

### 解説

### 1　個人所有の自宅を会社に買い取ってもらう（社宅化する）効果

(1)　減価償却が計上できる（中古資産の耐用年数で計算）。

(2)　修繕費を経費化できる。

(3)　固定資産税、保険料などを経費化できる。

(4)　デメリットとしては、移転時に移転費用（不動産取得税、登録免許税、登記費用）が必要になる。

これらを合計するとかなり大きな効果になるはずです。また、退職のタイミングで個人へ移転することにより、相続税の小規模宅地の評価減の特例適用を受けることも可能になります。

### 2　個人所有の車両を会社に買い取ってもらう（社用車化する）効果

(1)　減価償却費が計上できる（中古資産）。

(2)　車検、保険費用を経費化できる。

(3)　ETC、ガソリン代などを経費化できる（社用での利用が前提）。

### 3　美術品を個人で所有するか、会社で所有するかの判断

(1)　美術品でも減価償却できるものがある（原則100万円未満の美術

品で一定のものは、減価償却の対象になります）。

⑵　会社で所有すると個人の相続財産から分離できる。

⑶　保管費用を経費化でき、会社での展示等に活用できる。

ポイント整理

　自宅費用や個人所有の車両は、役員報酬など所得税を負担した後の税引き後で負担しています。その費用を会社で計上できると、手取り金額が大きくなります。

## 社長の年金（年金の受給制限と繰下げ支給）

> 先日届いた「年金定期便」には、年金の受給開始を65歳から70歳にすると受け取れる年金額が42%増えると書いてあり、70歳からの年金受給を検討しています。この際の注意点を教えてください。

### 回答

　社長が将来年金を受給するにあたり注意しておきたいのが「年金の受給制限」と「繰下げ支給」に関してです。公的年金は「老齢基礎年金」と「老齢厚生年金」に分かれています。

　65歳以降、法人から役員報酬を受け取る場合「老齢厚生年金」部分は「基本月額」と「標準報酬月額」に応じて年金額は減額され、場合によっては全額支給停止になります。

### 解説

　ご質問は「年金の繰下げ支給」に関してですが、単に申請（年金事務所に請求書を提出）するだけでは年金が増額になるとは限りません。70歳からの年金受給を検討される社長の場合、それまでは現役を続けられる予定の方が多いと思います。

　この場合、65歳以降の「役員報酬」の金額が一定額以上だと「年金の受給制限」に引っかかり「繰り下げ支給」を申請したにもかかわらず70歳以降の年金は増額されません。

　具体的には「受給予定の年金額」（老齢厚生年金の月額）と「標準報酬月額」（役員報酬をもとに一定の範囲ごとに区分したもので65万円が上限）の合計を**47万円以下**にしないと「年金の受給制限」がかかります。仮に「受給予定の年金額」が15万円の社長の場合には、役員報酬月額を**32万円以下**にしなければなりません。多くの社長にとって現実的ではないでしょう。

　では「年金の繰下げ支給」を選択することはあきらめなければならな

いのでしょうか？

　実は社長の状況によっても異なりますが、工夫次第では65歳以降も現役を続けながら70歳以降に「繰下げ支給」を行い、増額された年金を受け取れる方法があります。

　ただし、事前の準備が必要になってきますので、今から専門家に相談されることをおすすめします。

---

**ポイント整理**

　70歳以降の年金を増額させるには、65歳以降の「標準報酬月額」をいくらにしなければならないか、「年金定期便」に記載の「受給予定の年金額」から計算してみてください。そのうえで65歳以降の役員報酬の取り方も含めた対策を今から検討しておきましょう。

第 **3** 章

# 家族と会社を守る資産運用

## 相続税の申告で残念だと感じたポイント

> 相続税の申告をしていて、残念だと感じたポイントがあれば教えてください。また、それはどうすれば残念でなくなりますか？

### 回答

相続財産の中に収益を生む財産がないので、相続後の生活に不安を感じているご家族が意外と多いようです。また、相続のルールを知らないことで、節税機会が失われているケースも多いです。そして、相続後の人間関係の変化で家族が心労を重ねるケースも見受けられます。

相続税の申告をしていて残念だと思うのは、大きく分類すると以下の3種類になります。

### 解説

1　**資産運用は節税に勝るという事実を知らない**
　(1)　現金・預貯金など収益を生まない財産がそのまま残っている
　(2)　自社株の占める割合が高く、財産の流動性（換金性）がない
　(3)　資産はあるが、収益がないので「砂時計の生活」になる（悠々自適にならない）

2　**相続税のルールを知らないので事前準備をせずに節税機会が失われている**
　(1)　相続税の特例の要件を事前に確認していないので特例が適用されない
　(2)　贈与事実に基づかない配偶者、子、孫への贈与（へそくりを含む）
　(3)　タンス預金は税務署にバレないと信じている
　(4)　相続発生時3年（2024年以降は7年）以内の贈与（相続財産に加

算されてしまうため)

⑸　会社との金銭・不動産の貸借関係で損をしていることがある

## 3　相続後の人間関係についての想像力が欠如している

⑴　相続後、配偶者等が金融機関から当面必要のない保険商品や投資
信託を購入している

⑵　相続後、人間関係の変化により苦労する(亡くなられたオーナー
経営者の存在が大きければ大きいほど変化も大きい)

⑶　財産が思いもよらない人に移転している(配偶者の再婚、子の離
婚等)

## 4　資産運用すると相続の景色が変わる

　もっとも残念なのは、資産運用していないことです。使う予定のない
現金があるのに、長期間にわたり預貯金のままにしているような例を多
く見受けます。定期預金や投資信託、個人向け国債などに投資している
場合もありますが、定期預金や日本国債の利息はほぼゼロですので、運
用といえるレベルのものではありません。運用を検討するときには、少
なくとも物価上昇をカバーするくらいの利回りを確保する必要がありま
す。それには、かならずリスクが伴います。

　資産運用は、実は簡単にできるのにしていないだけということが多い
です。相続税の申告をした後に、相続人(特に配偶者)の方とお話をし
ていると、今後の生活に不安をお持ちの方が意外に多いことに気付かさ
れます。数億円の相続財産がある方でも、フロー(収入)が実感できな
いので、資産を取り崩す生活に突入することに不安があるからです。

　とはいえ、その資産を運用して収益を得ようとは考えませんし、だま
されたらと考えると運用をスタートするという決断もできません。何を
するにも決断が必要なので、消去法で何もしないで財産を取り崩してい
くことになります。

　そこで、金融機関から「もったいないから」という勧誘で、投資信託
や保険商品など必要のないものを買わされてしまうというような「漠然
な不安」があるからと、後で考えると不本意な判断をしているケースが

多くあります。深層心理の中で金融機関が、弁護士が、税理士が悪いことはしないだろうと勝手に思っています。

　こういう状況を見ていて、**自分の家族はこのような状況にはしたくな**いと思うようになりました。フロー（収入）を確保することは、生活基盤の安定はもとより適切な判断をする上でとても重要です。フロー収入は、相続という環境が激変する中で、精神的な安定感を提供してくれます。そこから見える相続の景色も自ずと変わってくるでしょう。

---

### ポイント整理

・資産運用は節税に勝る
・相続税のルールを知る
・相続後の人間関係の変化を想像する

## ケース2

## 資産運用の効果と規模

> 　資産運用はどのような規模で行うのが良いのでしょうか？　生活費をカバーするくらいの収入を得るには、最低どのくらいの金額が必要でしょうか？

### 回答

　1億円を4％くらいで運用できると理想的です。相続財産（又は相続財産になる予定の財産）が安定した収益を稼いでくれることが重要です。

### 解説

### 1　1億円で4％の利回りが目安

　近年、FIREという言葉を耳にすることがあります。FIREとは、Financial Independent, Retire Early（経済的自立と早期退職）の略で、年間生活費の25倍の金融資産を貯めて、その資産を4％程度の利回りで運用することで、元本を減らすことなく、今後の生活に必要な収入を得るというものです。稼いだ所得で「金の成る木」を買うという意味でもあります。

　年間の生活費を400万円として、運用原資は1億円が必要です。実際には、税金（20.315％）が控除されますので、手取りでは年間約320万円になります。月額では26万円ほどですので、これだけで生活するのは少し厳しいかもしれませんが、年金を加算すれば生活費として十分な金額になるのではないでしょうか。この収入で生活する分には、元本は減少しません。そうすると躊躇なく入金された金額を消費することができます（ただし、元本はインフレ分だけ価値が減少します）。これらのことから、**1億円を4％で運用するというのが一つの目安**になると思います。

　オーナー経営者でも、現金で1億円というと決して簡単に準備できる金額ではありません。しかし、オーナー経営者の場合、会社の資産構成、

キャッシュフローの見直しにより、現金を捻出できる可能性は十分にあります。オーナー経営者が資産運用をすることにより、よりストレスの少ない相続・事業承継が可能になると考えます。

## 2 理想の相続財産

　多くの相続事案を見てきた中で、**理想の相続財産はフロー（収入）を生む財産です**。将来のフローそのものには相続税は課税されません（元本にのみ課税されます）。一方で、**最悪な相続財産は換金性がない、面倒くさい、絵に描いた餅のような財産、つまり自社株（同族会社の株式）です**。また、活用されていない更地（土地）は売却できれば良いですが、売却できないから残っている土地も多いので、売却できない場合はこれも問題です。

　毎年400万円の収益が入ってくる財産を相続できれば、相続人としては単純に嬉しいと思います。**不動産であれば家賃収入が、株式や投資信託であれば配当や収益分配金が、債券であれば利息が収入として入ってきます**。

## 3 資産運用の決断ができる人

　相続人が資産運用を実行できるかというと簡単ではありません。相続人は、相続した財産で損失を出してはいけないという気持ちが強く、なかなか投資に踏み切れません。金融機関のアドバイスで、投資を決めていることもあります。投資は、その目的を明確にしておくことが重要だと考えます。値上がりなのか、収益なのか、安全性なのか。パーフェクトな投資商品はありません（あれば、世界の富豪がすでに投資しています）。リスクとリターンの関係性は、ある程度すべての投資家に平等です。

　オーナー経営者であれば損失が発生しても、その分、稼げばよいという気持ちで投資できますが、相続人にはそれができません。オーナー経営者が残してくれた財産で損失を出しては申し訳ないと考えてしまうのです。投資するには、それ相応の資質（知識、時間、決断力、勇気）が必要です。おそらく家族の中で、その資質を持ち合わせているのはオー

ナー経営者自身のはずです。少なくとも投資の種まきをするのは、オーナー経営者自身が適任なはずです。

　最近では中立的な立場で資産運用のアドバイス業務を行うIFA（Independent Financial Advisor）も存在しており、紹介した金融商品の手数料が収入源です。中立的な立場であれば、顧客から相当程度のアドバイス料をもらうのが筋ですが、日本では金融商品の紹介手数料収入（顧客には見えないところでもらう）が、IFAの収入の大半を占めます。日本で本当に中立的なアドバイザーを見つけることは、至難の業だと思います。

　投資教育をされていない日本では、投資は危ないもの、ギャンブルに似たものという感覚がありますが、金融リテラシーを高めていく自助努力も必要だと思います。

> ## ポイント整理
>
> 　1億円を4％くらいで運用できると理想的ですが、実際に運用するとなると決断するのは難しいです。オーナー経営者でも決断が難しいのに、それを相続人（配偶者、子、孫）が実行するのは、なお難しいでしょう。種をまく決断をすべきはオーナー経営者です。

## 世界の富裕層の金融環境

> 欧米との比較で日本は預貯金の割合が多く、投資をしていない国民と言われていますが、世界の富裕層はどのような資産運用をしているのでしょうか？

### 回答

富裕層ほど、リスクと収益のバランスを考慮して、リスク許容度に応じて資産運用をしています。情報をいかに使うか、過去の経験から何を学ぶかという点で、金融の専門家の見解を尊重しています。

### 解説

### 1　香港のプライベートバンクでの経験

20年程前から、お客様の依頼で香港のプライベートバンク（欧州系）で資産運用の打合せをするようになりました。そのプライベートバンクは、世界の富裕層（主として、中国本土、香港、台湾、インド）を相手にサービスを提供していました。打合せの際に提示される金融商品は、日本では見たことがないような商品ばかりでした。最低投資額は1口百万ドル以上のものが大半ですが、まさにピンからキリまでの商品ラインナップを持っています。安全とレーティングされる商品でも、表面利率5％前後（実質利回り4〜12％）くらいのものが多くありました。その時に、1億円あればこういう金融商品に投資して年間500万円くらいの利息収入を得ることが可能なのだと実感しました。「1億円の現金は、会社員1人分の稼ぎをもたらす」とその時に痛感しました。

### 2　プライベートバンク（海外）のメリットとデメリット

プライベートバンクでの運用がそんなにも有利なら、富裕層はもっと利用しても良いはずです。しかし、日本人で国外のプライベートバンクで運用している方はごくわずかだと思います。プライベートバンクを利

用するメリットとデメリットを以下のように考えます。

　(1)　メリット

　取り扱っている商品の幅は広く、リスクとリターンの関係から多くのバリエーションが用意されています。また、担当者は基本的には変わりませんので一生の付き合いです（こちらが変更を要望すれば変更可能）。変化に対応する情報、経験値、分析力を持っていて、顧客に提供してくれます。

　(2)　デメリット

　使われる言語は基本的には英語のみです。打合せも資料も基本的にはすべて英語になります。本人確認や取引の確認の録音等も英語で行われます。

　また、香港やシンガポール等のキャピタルゲイン課税がない国の場合は、日本での譲渡損益、配当、利息収入の申告が必須になります。口座の開設は、基本的には現地に行って手続きを行いますが、必要書類（英語のものが必要）の準備も少し面倒です。また、口座を開設するためには、最初に通常100万ドル以上（約1.3億円）の入金が必要です。

## 3　日本のプライベートバンク

　欧米のプライベートバンクは日本進出をしましたが、現在、スイスのUBSなど数行だけが日本でサービスを行っています。日本の銀行でもプライベートバンク的なサービスを展開していますが、日本では規制などの影響もあり、フルスケールの世界基準のサービスは提供できていないような印象があります。日本の居住者で世界基準のサービスを受けようとする方は、香港、シンガポール、欧米のプライベートバンクに口座を開設しています。

## 4　プライベートバンクに求めるもの

　運用したい商品（例えば、アメリカ国債等）が決まっているのであれば、日本の自宅付近にある証券会社で購入すれば良いと思います。株も同様で、銘柄が決まっているのであれば、付近の証券会社（日本株以外の世界の株も購入可能）で購入すれば良いと思います。

プライベートバンクでの運用は、リスクと収益のバランス、運用の方向性に対して、プライベートバンクの情報、経験に基づくアドバイスが得られるというのが大きなメリットです。つまりリスクのない運用を行うのであれば、プライベートバンクは必要ないと思います。

　プライベートバンクが扱っている金融商品は、収益性も高いですがリスクもあるので、そのリスクの最終判断を自分で行う必要があります。プライベートバンクはその判断を情報と経験によりサポートしてくれます。より適切な判断を行うためには、金融についての一定の知識、情報の使い方が必要になります。

## 5　一段高いレベルの相続

　オーナー経営者の多くの方は、相続財産は自宅不動産、預金、自社株式が大半を占め、相続税を預貯金から納付することができれば合格点という感じです。預貯金で納付できない場合は、資産を売却するなどして納税しますが、相続人にとってはかなり面倒です。相続税の納付に四苦八苦している状況では、その後の生活設計など考えられません。この場合、相続人は、かなり高い確率で将来の生活不安を抱えることになります。相続税の納税に四苦八苦するレベルでなく、**もう一段高いレベルの相続、資産承継を目標としたいものです**。単に節税するという視点から離れ、資産を運用するという視点を持つと別の世界が見えてきます。財産構成について、収益を生むものの比率を意識して上げていくことが重要だと思います。

## 6　7.2％の法則

　資産運用では、**7.2％の法則（72の法則）**というものがあります。資産を7.2％の複利で運用すると10年で２倍になります。円の利率で考えると、7.2％というのは現実感がありませんが、世界の金融環境（米ドルやユーロ）では現実的な数字です。世界の金融環境に参加するには、可能であれば、1.3億円（約百万ドル）の資金を用意して参加したいところです。1.3億円で参加はできますが、その10倍、20倍あると選択肢が増え、リスクのバランスをとり、期間の長短を選択することが可能に

なります。

　海外のプライベートバンクから見ると、日本の金融環境が特異な環境だったようです。今は、世界情勢の変化の波に日本も飲み込まれています。将来の生活、そして相続を考えた時に資産運用を正面から検討する必要があります。

## 会社の1億円と個人の1億円、どちらの方に価値があるか？

会社の口座にある1億円と個人の口座にある1億円は、どちらの方に価値があるのでしょうか？　また、会社で資産運用を考えているのですがどうでしょうか？　もし運用で損失が発生しても、会社であれば利益と相殺できると聞きました。

### 回答

個人の1億円の方が自由度が高い資金といえます。何の制約もなく使えます。一方で、会社の資金を個人へ移動するには税負担がかかることが多く、損金になる等の制約があります。

### 解説

### 1　会社での資産運用と株価

会社口座に1億円の現金があれば、その1億円の現金は株価（純資産価額）として間接的に相続税が課税（大会社による評価を除く）されます。自社株の相続税評価額を引き上げている一つの要素です。評価額が高いことが、悪い循環の引き金になっています。

　自社株の評価が高い

　→相続税が課税される

　→相続税を支払うために現金を使う

　→相続人の生活に不安感がある

### 2　どこで運用するか

(1)　会社で運用

会社で運用すると、利益が出た場合には他の利益と同様に課税対象となり、株価の上昇要因になります。一方で損失が出た場合は、他の利益と相殺されます。

(2)　個人で運用

　個人で運用するには、会社から個人へ資金を移転する必要があります。その上で、利益が出た場合は基本的には分離課税（20.315％の税負担）ですので法人税よりも税負担は低く、損失が出た場合は金融資産の中のみで相殺が可能です。

　会社、個人のどちらで運用するかは一長一短がありますが、相続の観点から個人で運用して個人の現金資産を増やす方が良いと考えます（会社で運用して、株価がさらに上昇するよりも良いと思います）。

## 3　個人への資産の移転と運用

　会社口座の現金（株価として相続税が課税）が、個人の現金（相続税が普通に課税）になっただけではあまり意味がありません。個人に移転した現金を運用して収益を生み出せば、株価の低下と個人資産の収益アップが可能になる場合があります。**ポイントは会社から個人へどのように資産を移転するかです。**

　**オーナー経営者の相続の問題点の出発点は、換金性のない自社株にありそうです。**

　会社の埋蔵金を発掘（個人に移転）して、個人で資産運用するイメージは以下の通りです。

　（ステップ1）　会社から個人に資金を移転する

　会社の貸借対照表を見直しして、移転できる項目があるかを検討する。役員報酬、退職金の他、資産の移転等を検討する。役員報酬と退職金は大きなポイントになる。

　（ステップ2）　個人で運用する

　金融資産、不動産など目標利率とリスク許容度を考慮して、個人で運用する。長期間にわたり収益が生まれる仕組みを作成して、長期間運用すれば、それだけ運用益も増える。

　（ステップ3）　運用資産の相続準備

　配偶者ならば、元本1.6億円まで非課税で相続できる。可能な限り有利な特例（小規模宅地等の評価減、保険金、退職金の非課税等）を活用するための準備を行う。

　（ステップ4）　資産のメンテナンス

年に１回は資産状況をチェックして、金利等の大幅な変動があれば、必要に応じて資産の組み換えを行う。大きな変化がある時だけ見直す。

> **ポイント整理**
>
> ・会社の１億円は、自社株の株価の引き上げ要因になる
> ・個人の１億円は、そのまま相続税の課税対象になる
> ・個人の１億円は相続税の課税対象になるが、20年かけて倍にすれば話は変わる

## ケース5

## 会社から個人への資金の移転

> 会社から個人へ資金を移転するには、どのような方法が考えられますか？　役員報酬を増額しても、所得税等が高くて効率が悪いと感じています。何か良い方法はありますか？

### 回答

役員報酬、退職金、不動産及び動産の移転等の方法が考えられますが、移転時の価格等、税務上問題にならないような細心の注意が必要です。顧問税理士等に相談して適切な方法を検討しましょう。

### 解説

### 1　個人と会社間で資産を移転する

(1)　個人所有の不動産（自宅、別荘等）の移転

個人が所有する自宅や別荘を会社所有に変更します。建物部分は中古資産の減価償却の対象となり、維持費用（保険、修繕等）は、会社の費用で計上が可能になります。ただし、移転の際に登記費用（登録免許税等）と不動産取得税が必要です。

移転の際には、鑑定評価やインターネットからの情報による時価の算定がポイントになります。

(2)　個人所有の車両、備品、美術品等の移転

車両、備品、美術品等を会社の所有にすることにより、車両、備品、美術品（一定のもの）は中古資産の減価償却の対象となり、会社で減価償却費を計上できます。美術品に関しては、通達により償却できるものが規定されているので、その通達に従って償却することが可能です。これらの経費計上ができることは、会社の節税と個人の手取り金額の最大化という点ではとても有効です。

(3)　会社の保険契約を個人へ移転

保険契約の移転により、返戻率の差額があるものを個人へ移転するこ

とにより、実質的に資金の移転を図ります（一時所得の対象になる場合がありますが、税負担は低減されます）。

## 2　役員報酬・退職金

　役員報酬は累進課税なので、増額すると税負担も増加します。ただし、役員報酬を増加することにより退職金の損金算入限度額は増加します。役員報酬と退職金の最適バランスは、第2章ケース8（P42）をご参照ください。

## 3　自己株式（みなし配当・相続特例）

### ⑴　通常の場合の自社株

　オーナー経営者が所有する自社株を会社に買い取ってもらうと、オーナー経営者は会社から現金を得ることができます。ただし、この方法には大きなデメリットがあり、買取り金額の大半は、配当（みなし配当）とされて役員報酬等と合算されて総合課税（最高55％）になります。よって、あまり人気がないのですが、退職後に役員報酬がなくなり、年金収入だけになったような場合は、自社株を毎年、税負担を勘案しながら少しずつ売却して現金化していくことも選択肢の一つになると思います（健康保険の料率には注意が必要）。

### ⑵　相続時の自社株の買取り

　相続時に相続人が相続税を納付するために、会社に相続財産である自社株を自己株式として売却した場合には、みなし配当は認識せずに、通常の株式の譲渡と同様に分離課税（税率20.315％）で完結しますので、有利に移転ができます。申告期限の翌日から3年以内であれば、相続税額の取得費加算の特例で所得税の優遇もあります。ただし、相続発生時に相続税が発生している方のみとなります（配偶者の税額軽減で配偶者が納税額ゼロの場合には適用できません）。

## 4　その他（小さいことをコツコツと実行）

### ⑴　旅費規程

　旅費規程を活用すると効率的に手取り金額を増加できます（第2章

ケース 6 参照）。

　⑵　医療保険・生命保険

　医療保険や生命保険を個人でかける場合と比較して、法人で契約することにより個人での支出額を軽減し、より効率的な保障内容にすることが可能になる場合があります（P 45COLUMN参照）。

> **ポイント整理**
>
> 　会社から個人へ有利に所得移転する仕組みを作っていくことが大切です。いったん仕組みを作れば、時間が経過していくと、自動的に移転が進みます。少額でもコツコツと移転することにより、相続・事業承継の際に必ず大きな助けになります。

## 資産運用の選択肢

> いろいろな相続を見てきた税理士の立場から、1億円の資産運用を
> する場合には、どのような資産運用を検討しますか？ 相続の観点か
> ら個人的な意見で良いので教えてください。

### 回答

　資産運用の対象となるものとしては、主なものだけでも沢山あります
が、相続において安定した収益を確保するという観点から、外貨建債券
は魅力的だと考えます。不動産も同様に魅力はあるのですが、少し手間
がかかるという点が気になりました。

### 解説

### 1　資産運用の選択肢

　収益性（4～5％程度の収益を確保できるか）、リスクはどのような
もので、許容範囲かどうか、インフレに負けないかどうか等の観点から
評価しました。

|  | 収益性 | 安定性 | インフレ耐性 |
|---|---|---|---|
| 預金 | × | ◎ | × |
| 株式 | ○ | △ | ◎ |
| 国債 | × | ◎ | × |
| 社債 | ○ | ○ | × |
| 投資信託 | ○ | △ | ○ |
| FX | × | × | × |
| 暗号資産 | × | × | × |
| 外貨建債券 | ◎ | ○ | × |

| 不動産 | ◎ | ○ | ○ |
|---|---|---|---|
| 金・プラチナ | × | ○ | ◎ |

## 2　相続の観点から何が適しているか

　相続の観点から重視すべき要素としては、オーナー経営者自身ではなく、相続人がその財産を相続してから、財産のメンテナンス等を苦痛なくできるかどうかです。相続人（配偶者、子供、孫など）が、オーナー経営者のサポートなしで実行していくことをイメージしていただくと良いと思います。これらの要素を勘案して、外貨建債券投資は相続との相性が良いと考えました。

（1）収益が安定している

　収益が安定することにより、生活費、学費等、計画に合わせて管理ができます。また、元本価格の大きな変動もできれば避けたいところです。

（2）手間がかからない

　確定申告が必要であるとか、資産を管理するための手間がかかるものはできるだけ避けた方が良いと思います。

（3）リスクが限定的であること

　リスクが限定的で、自分が許容できるものであるかどうか、また、リーマンショックやコロナ危機による暴落のような事態が発生したときにも、過度な心配をしないでいいかどうかを考えてみると良いでしょう。

## 3　外貨建債券の運用例

（例）外貨建債券購入のパターン（既発債）

---

アメリカ国債（30年・残存期間29.6年）の概要
表面利率：3.00%（年2回額面に対して3%の利息が支払われる）
購入単価：88.9%
利回り　：3.613%（利息と償還差額の合計を考慮した期間利回り）
発行体格付：AA＋

---

上記のアメリカ国債を額面100,000ドル購入した場合には、以下のようになります。30年間にわたり、毎年3,000ドルの収入があります。そして、30年後には、100,000ドルが償還されます。30年間の利息合計は、3,000ドル×30年＝90,000ドルになります。

　⑴　購入代金

100,000ドル×88.9％＝88,900ドル

　⑵　毎年の収入

100,000ドル×3.00％＝3,000ドル

　⑶　償還時（約30年後）

償還金：100,000ドル（100,000－88,900＝11,100ドルの償還差益）

## 4　外貨建債券の特徴

　⑴　利回りが高く、収益が外貨で確定している
　⑵　リスクは為替リスクと発行体の破産リスクに限定されている
　⑶　為替リスクは時間が経過すれば緩和できる。また、永久にドルで
　　　運用すれば為替は無視しても良い
　⑷　メンテナンスの必要がない、株価のチェック等も不要
　⑸　相続等の名義変更が簡単
　⑹　日本の金融機関で購入した場合、特定口座・源泉ありを選択すれ
　　　ば確定申告は不要

## 5　インフレとリスク

　預貯金が「リスクはない」というのは、元本が減少しないという意味のことです。しかし、物価が２倍になると、実質的な貨幣価値は減少しますので価値の下落リスクがあります。日本では、この30年間、物価の上昇がなかったためインフレリスクについては全く意識されてきませんでした。

　しかし現在、世界的な物価上昇に伴い、日本国内でも物価の上昇は続いています。インフレ下では、預貯金にしておくことは黙って価値が減少していく資産を抱きかかえているのと同じです。表面的なリスクだけをみるのではなく、インフレによる物価上昇という要因も考える必要が

出てきました。物価上昇をカバーできるような資産運用が必要になって
きています。

> ### ポイント整理
>
> 　資産運用に100％はありません。市場の常識とかけ離れた利回り
> のものについては警戒すべきです。そのためにも、金融の最低限の
> 知識は必要です。
> 　それぞれの金融商品について、メリット・デメリットがあるので、
> 収益性、保有時の手間、名義変更の手間、確定申告の有無、リスク
> などを総合的に判断して、許容できるリスクを認識しておくことが
> 重要です。

## 不動産投資と外貨建債券投資の比較

> 私は、かねてから不動産投資をしていますが、通貨及び財産種類のリスク分散の観点から、外貨建債券投資を検討しています。どのようなポイントを考慮して投資するのが良いでしょうか？

回答

　安定収入を確保するという観点では、外貨建債券投資は不動産投資と性格が似ていますが、それぞれのメリット・デメリットを理解して、自分に適した投資対象を見極めることが重要だと思います。

解説

### 1　不動産投資について思うこと

　長年、個人の確定申告に対応してきた中で、不動産投資の収支についてもたくさんの事例を見てきました。その感想としては、不動産投資はフロー（収入）としてキャッシュが循環はしているが、本当に利益が出ているかどうかは微妙なケースが多い印象を受けました。

　(1)　家賃

　空き家になるリスク、家賃の滞納、ゴミ屋敷化等による家賃の減額の可能性があります。また、退去に伴う費用精算のトラブルも増加している傾向にあります。景気低迷時には、家賃の引き下げ、滞納の可能性が高まります。逆にインフレ下では家賃の上昇の可能性もあります。

　(2)　経費

　代表的な経費は、固定資産税、管理費、支払利息（借入金がある場合）、損害保険料が必要になります。いずれも節約が難しい経費です。利益については、所得税・住民税が他の所得と合算して課税されます。

　(3)　物件の価値変動

　物件の価値は、不動産の市場動向による変動のほか、地震、火災による損壊や事故（自殺、事件）等により物件の価値が下落する可能性があ

ります。物件の価値を担保するには保険ではカバーしきれないことが多いです。

(4)　修繕費

建物の劣化による修繕費も増加しますが、競争力維持ため、新しい設備（LEDランプ、光ファイバー等）の導入の検討をする必要もあります。

(5)　所得税と国民健康保険料

不動産所得で利益が算出されると、その利益は所得税・住民税の対象になります。所得税・住民税が増加すると、国民健康保険料（会社で社会保険に加入している場合を除く）も増加します。

(6)　相続

相続の際に、どの相続人が物件を相続するかが問題になります。物件を共有で相続した場合には、原則、共有者全員が申告をする必要がありますし、売却や修繕の意思決定も相談の上、決めていくことになります。また、次の相続でも同様の問題を抱えることになります。相続に際しては分割しにくい財産といえます。

(7)　インフレ

土地・建物は、インフレ時の物価上昇に伴い家賃も不動産価格も上昇する傾向にありますのでインフレには強いといえます。ただし、日本は人口減少傾向にありますので、利便性の良い地域はともかく、利便性の悪い地域はあまり楽観視できません。

## 2　不動産投資と外貨建債券投資のイメージ

(1)　不動産投資：20年間所有シミュレーション

> 1億円でアパートを購入した場合
> 　建物　5,100万円
> 　土地　4,000万円
> 　諸経費　900万円　　合計　1億円
> ①　賃料（6％：やや高め）：年間546万円（月額@45.5万円）
> ②　費用　340万円
> 　内訳　減価償却費　230万円（22年前提）

固定資産税　60万円

その他経費　50万円　　①－②＝206万円（利益）

③　税金　206万円×30％＝61万円

④　収支　546万円

　　　△　60万円（固定資産税）

　　　△　50万円（その他経費）

　　　△　61万円（税金）　　　　差引　375万円

＜20年間の収支＞

375万円×20年＝7,500万円＋物件が残る　　　　9,100万円→1.66億
　　　　　　　　　　　　　　（売却価格）　　7,200万円→1.47億
　　　　　　　　　　　　　　　　　　　　　　5,000万円→1.25億
　　　　　　　　　　　　　　　　　　　　　　4,000万円→1.15億

(2)　外貨建債券投資：20年間所有シミュレーション

1億円で外貨建債券を購入した場合

　1億円＠130円/ドル　約770,000ドル

　債券（表面利回り5.5％、購入単価100％）

　購入債券：770,000ドル（額面ベース）

＜毎年の収支＞

①　収入　770,000×5.5％＝42,350ドル

②　税金（20.315％）　8,603ドル

③　手取り金額　33,747ドル

＜20年間の収支＞

33,747ドル×20年＋770,000ドル（償還額）＝1,444,940ドル

為替レート　＠90円　　→1.3億円

　　　　　　＠100円　→1.44億円

　　　　　　＠110円　→1.58億円

　　　　　　＠120円　→1.73億円

　　　　　　＠130円　→1.87億円

## 3　不動産投資と外貨建債券投資の共通点と相違点

(1)　収益

保有期間中に収益が得られる点では共通していますが、不動産については、滞納や家賃の下落の可能性があります。逆に、家賃の値上がりの可能性もあります。外貨建債券は支払額はドルで固定です。

(2)　投資全体の損益が確定する時期

**不動産投資に関しては、最終的に物件の売却（もしくは建て替え）するときまで、投資全体の収支は確定しません。**よって、不動産価格が安い時期に物件を取得して、景気が良い時期に所有していると有利な投資になります。物件の選定も大きな要素です。

一方で、**外貨建債券投資の、投資全体の収支は、債券を購入した時点で「外貨」で確定します。**よって、償還時の為替レートがどうなっているかにより円貨での投資収支が確定します。永久にドルで再投資する場合には、あまり気にしなくても良いと思います（ただし、償還時に税務上の為替差損益が認識されます）。

(3)　投資に関する手間

不動産投資は、メンテナンスの手間がかかります。確定申告も必要です。地震、火災、事故等のリスクに対する備えも必要かもしれません。外貨建債券投資は、投資商品を日本の金融機関で購入した場合に煩わしいことは何もありません。購入の際、特定口座・源泉ありを選択すれば確定申告も不要です。

### ポイント整理

不動産投資の最終損益（物件の売却損益を含めたもの）は、その物件を売却した際に確定します。それまでは、確定しません。

一方で、外貨建債券の投資の最終損益は、債券を購入した時点で外貨で確定します（償還時に為替レートが決定した時点で、償還時の円貨での損益が確定）。

## 債権の種類と特徴

> 債券投資といっても、いろいろな種類の債権があり、どの債券に投資したら良いかわかりません。種類と特徴を教えてください。

### 回答

通貨が日本円か外貨か、利息の支払いが定期的にあるか償還時に一括か、発行体（国、会社）が破綻した際の弁済順位により、多様な債券が発行されています。

### 解説

### 1 債券の種類

(1) 利息の支払い方法による分類

① 国債・普通社債

通常年2回の利息の支払いがあり、決められた償還時に全額償還されます。期限が長期間のものほど利率が高い傾向にあります。利息の支払いごとに、源泉所得税が徴収されます。

　　(例)　10年後に100で償還される普通社債を105で取得した場合
　　　　　毎年利息の支払いがあり、償還時には償還差損5（100-105）が計上され、その年の利息と相殺されます。

② ゼロクーポン債

償還時100の債券を現時点で50、60で割引発行しているものです。償還時にまとめて課税（途中では課税されない）されますので、複利効果が期待できます。

　　(例)　10年後に100で償還されるゼロクーポン債を60で取得した場合
　　　　　毎年の利息の支払いはありません。償還時に100が支払われ、償還利益40（100-60）が源泉所得税の対象になります。

(2) 破綻時の弁済の優先度による差

① 普通社債（シニア債）

いわゆる一般の社債です。破綻した際には株式、劣後債に優先して弁済されます。

② 劣後債（ジュニア債）

発行体が破綻した場合に、弁済の順番が他の債務より後回しにされる債券で、その分、利率は高くなっています。ただし、株式よりは優先されます。

## 2　相続における特徴

(1)　生活費など計画的な支出に適しているもの

国債、普通社債、劣後債は、通常、年2回の利息の支払いがありますので、生活費などの定期的な支出に適していると思います。償還期間も長期のものがあるので、長期的な収益計画が可能です。

(2)　子や孫への贈与に適しているもの

ゼロクーポン債は、子や孫への贈与に適していると思います。例えば、30年後に100で償還される米国債は、現時点では35くらいで購入できます。購入した直後は、35よりも低い評価になりますので、財産の圧縮効果もあります。子や孫へ贈与した時には、その時の評価額が課税対象になります。30年後、100で償還されますが、その際に65の償還益については、その時点の所有者に源泉所得税が課税されます。途中での売買もできますので、償還前に換金することも可能です。期間や金額、通貨など多様な商品から選択できます。子や孫にお金を渡してしまうと、使ってしまうリスクがあるといって通帳を渡さないとか、贈与の事実を伝えないでいると名義預金と認定されることもあります。また、債券の贈与であれば換金して使うこともできますが、少しブレーキがかかるようにも思います。

## 3　外貨の種類

(1)　外貨（ドル・ユーロ）

ドルとユーロは、円とのレートと比較して安定しているため、投資には適していると思います。過去30年くらいのレートの変動をみても、一定の範囲に収まっています。

(2) その他の外貨

　トルコリラ、南アフリカランド、メキシコペソ等は、利率が高いことで有名ですが、それは、為替レートが不安定であることも意味しています。これらの通貨に投資する場合には、為替レートのみならず、為替スプレッド（為替手数料）も割高に設定されているので、円と外貨を往復するだけで、既に大きく目減りする可能性もあります。余裕資金を宝くじ感覚で投資するという選択肢はあると思います。

## 4　新発債と既発債

　債券を購入する場合には、新規に発行される債券を購入する方法と、既に発行されている債券（既発債）を購入する方法のいずれかになります。新発債は種類が限られるため、既発債の豊富なバリエーションから選択する方が良いでしょう。既発債は、市場の金利の変動に合わせて、購入単価が変動することにより実質の利回りが調整されます。

### ポイント整理

　定期的な利払いがあるもの（利付債）なのか、償還時にまとめて支払われるもの（ゼロクーポン債）なのかは、その利息をどのような用途（生活費、贈与など）に充てるかにより使い分けるのが良いでしょう。

## ケース9

## 時間を味方につけると為替リスクは小さくなる！

　外貨建債券を購入する際、為替も購入単価も日々変動するので、いつ購入したら良いかわかりません。後悔するのが嫌なので、なかなか決断できません。どのようなタイミングで購入するのが良いのでしょうか？

### 回答

　為替レートと購入単価は逆に動きます。為替が有利な方向に動くと、購入単価は不利な方に動くことが多いです。外貨建債券のリスクは、為替リスクと発行体の倒産リスクですので、この2つのリスクについて正確に理解して自身の許容限度を見極めることが重要です。

### 解説

### 1　為替リスク

　1億円の債券（利回り4％）に投資をする場合を考えると、1年で400万円の収益が発生します。2年で800万円（税金は無視）になります。

　1億円を普通預金に預けていた場合と比較すると、2年間で800万円までの為替リスクはカバーできることになります。10年で4,000万円（1億円の40％）までカバーします。つまり、為替が40％悪化したとしても、プラスマイナスゼロとなります。20年、30年という期間で考えると、為替リスクはほぼ無視しても良いくらい小さいものになります。

　ただし、急に円で資金が必要になったような場合には、その時の為替で換金する必要があるので、ずっとドルで放置しておいても問題ない範囲の金額であれば理想的です。

### 2　発行体の倒産リスク

　発行体の倒産リスクについては、格付会社の情報が役に立ちます。格付会社の格付（S&Pの場合）で、AAAからBBBまでの債券は投資適格

債券とされ、一般的に安全と考えられている債券です。債券の銘柄を選定する際の参考になります。基本的には格付が高い方が利回りは低く、格付が低い方が利回りが高くなります。BBB未満のBB＋などの債券は、高利回り債（ハイイールド債、ジャンク債）といわれ、ある程度のリスクを許容できる場合には、有力な投資対象となります。

## 3　外貨建債券を購入するタイミング（米ドル債券）

　利回り（購入単価）と為替は、基本的には逆に動きます。アメリカが金利を上げると、債券の利回りも高くないと売買が成立しないので、利回りが高く（＝購入単価が低下）なりますが、日本の金利がそのままならば円安になります。よって、購入単価が低下しても円安になるので、円貨での支払額が増加するか減少するかは、一概には言えないことになります。

　アメリカの金利が上昇（FRB＝米連邦準備制度理事会が金利を引き上げる）

　　→　債券の利回りが上昇（＝既発債券の購入単価が低下）

　　→　日本が金利をそのままにすると円安になる

## 4　過去30年間の米ドルと円の推移

　過去30年間の為替は、だいたい80円から150円のレンジで推移しています。レンジの中間くらいの為替で購入したいという心理は働きますが、購入単価と為替は相殺するように動くため、早く購入して収益を得るという考え方もあります。実際に購入する前には、為替と単価の推移のデータを取ってから購入すると良いと思います。

## 5　子や孫が海外で生活・留学している場合

　子や孫が海外で生活・留学しているような場合には、この外貨建債券の収益は大きな意味を持ちます。為替の変動を気にせずに、資金計画を立てることができます。

ポイント整理

　ドル円の為替変動は、1年、2年の期間でみると大きな変動がありますが、20年、30年の期間でみると一定の範囲で変動していることが理解できます。20年、30年使う予定がない資金については、あまり為替のことを考えなくても良いでしょう。

　また、ドルの方が高い金利（高い経済成長率）が見込まれるため、継続的にドルで投資を予定している場合、過度に為替を気にしなくても良いと思います。

## 相続税は将来の収益には課税しない

　相続税の申告の場合、外貨建債券の相続税評価額はどうなっているのでしょうか？　また、いつの為替レートで換算するのでしょうか？

### 回答

　相続税評価額は、相続開始日（贈与の場合には贈与日）の評価額を、その日の為替レートで換算した金額です。もちろん、将来の収益は課税対象にはなりません。

### 解説

### 1　外貨建債券の相続税評価額

　外貨建債券の相続税評価額は、相続時の元本の評価額と経過利息の合計額（相続開始日の為替レートで日本円に換算）です。当たり前ですが、将来にわたり支払われる収益（確実に支払いはされるにもかかわらず）には、相続税の課税は及びません。また、贈与する場合には、贈与日の評価額で贈与税を算定します。

### 2　財産を抽象化して比較する

(1)　相続発生時点で同じ1億円の価値がある財産で4つの財産があるとした場合、どの財産が魅力的でしょうか。

　A：年間400万円の収益を生む1億円の財産

　B：年間10万円の収益を生む1億円の財産

　C：年間50万円の費用がかかる1億円の財産

　D：費用も収益も発生しない1億円の財産

　　この4つの財産とは、以下の財産を抽象化したものです。抽象化すると財産の本質がみえてきます。

　A：外貨建債券（収益不動産もこれに近い）

　B：定期預金

　Ｃ：土地（更地）

　Ｄ：自社株

(2)　将来の収益には課税されない

　外貨建債券の利息は、ほぼ確実（発行体が破綻した場合を除く）に支払いがされます。しかし、将来の収益には課税されません。将来の収益が大きいものは、課税上も有利な印象があります。

## 3　収益を生む財産を作ってバトンパスのように承継する

　相続税のない香港やオーストラリアでは、一度、収益財産の仕組みを作ると、長期間にわたり一族の富が承継されます。貧富の差の固定化になるので是非はありますが、一族の収益のバトンは引き継がれます。日本には相続税があるので、それを見越した準備が必要になりますが、**増やす仕組みを伴った財産を承継することは、効率の良い資産承継を可能にします**。その収益のバトンが家族の将来、また、将来の家族に対して、時間の自由や経済的な安心感をもたらすことにつながります。

　長期のライフプランニングの場合には、インフレについても考慮する必要があります。アメリカでは**生命保険に加入する際に、現在十分だと思う金額の2倍の金額を保証額に設定するようにアドバイスされます。通常、20年で物価は2倍になるからです**。インフレは、貨幣価値を半減させるとともにモノの値段を上昇させます。余裕がある時代には、さらにもとになる財産を増やすことにより、より高い収益力を目指すことも可能になります。

---

　**ポイント整理**

　　将来が不安であるがゆえに、何十年にもわたり毎年安定した収益を生み出してくれる財産はとても貴重です。支払われる収益は、ほぼ確実に支払われるものであっても相続税は課税されないため、将来の家族に対して精神的・経済的な安心感をもたらします。

# 金融所得の損益計算の仕組み

> 株式の損益、債券の利息等、どこまで損益通算が可能でしょうか？
> 上場株式の損失と外貨建債券の利息とは相殺できるのでしょうか？

## 回答

2016年（平成28年）以降、上場株式等の損益と債券・公社債の損益が損益通算できるようになりました。株式の損失がある場合、債券の利息収入で相殺することができます。

## 解説

### 1　損益通算

近年「株式等に係る譲渡所得等」の損益通算に関して重要な改正がいくつかありました。

(1)　上場株式等の譲渡損失は上場株式等の譲渡益とのみ通算可能（非上場株式の損失は非上場株式同士でのみ通算可能）。

(2)　上場株式等には、証券会社で扱っている大半の商品（債券、外貨建債券を含む）が含まれます。よって、上場株式の損失と債券の利息を損益通算が可能。

(3)　譲渡損失のうち損益通算しきれない金額は翌年以後3年間繰り越しが可能。

### 2　資産運用と損益通算

債券投資の場合には、償還時に償還差損益が発生することがあります。損失が発生した場合は、その年の収益と通算されます。また、大きな損失の発生が見込まれる場合には、ゼロクーポン債の償還益をぶつけて税負担の軽減を図ることも可能です。長期にわたる運用の場合には、年表を作成していると把握しやすくなります。

## 3　相続・贈与と損益通算

(1)　相続・贈与で取得した金融商品の取得価額

　　相続・贈与で取得した資産は、最初の取得価額を承継します。

(例)　取得価額80（額面・償還額100）の債券を評価額85で孫に贈与した場合

　　贈与時：85が贈与税の課税対象（年間110万円以下は非課税）

　　償還時：20（＝100－80）が源泉所得税の対象

(2)　ゼロクーポン債の贈与

　　ゼロクーポン債を毎年110万円以下（贈与税の基礎控除以下の金額）で贈与した場合、毎年償還されます。満期が30年であれば、30年後から毎年債券が償還され年金のように機能します。ゼロクーポン債を上手に使うと、結果としては資産を圧縮して贈与することができます。もちろん、贈与しないで自分のための老後資金として利用しても良いと思います。

　　子や孫に、毎年、ゼロクーポン債（できれば30年債などの長期のもの）を110万円で基礎控除以下の贈与をしておくと、30年後に毎年200万円（金額は為替によるがドルやユーロなら比較的安定している）くらいの金額の償還を受けることになります。償還時に所得税はかかるが、贈与者（オーナー経営者）の相続財産は減少し、30年後の成長した子や孫に財産が時を超えて移転することになります（途中での換金も可能ですが、割引されます）。

> **ポイント整理**
>
> 　金融商品は、損益通算の範囲が広く、同じ証券会社の特定口座（源泉あり）内であれば、自動的に通算してもらえます。確定申告してもよいですが、基本的には確定申告は不要です。

## 相続に関する不都合な真実

> 金融機関から遺言信託を勧められています。遺言書は必要でしょうか？　また、相続後に人間関係に変化があるという話がありましたが、具体的にはどういうことでしょうか？　実際にどのようなことが想定されるのでしょうか？

### 回答

遺言書は必要です。遺言信託にすると、信託銀行が執行までしてくれるので安心感があります。自分で遺言書を作成する場合には、その遺言書がきちんと執行されるためにも、信頼できる専門家の準備が必要です。また、遺言書には付言をつけて、経緯などを記載しておくことがおすすめです。

### 解説

### 1　金融機関が遺言書の作成をすすめる背景

(1)　遺言書は必要か

オーナー経営者の中には、金融機関から遺言の作成と遺言信託をすすめられた方が多いと思います。確かに遺言は重要ですし、相続が「争族」になるのを防止するのに役立ちます。金融機関は、必ずしもお客様のことを考えて遺言信託をすすめているわけではありません。金融機関の営業のためです。実際に人事異動は頻繁にあり、相続が発生した際には、その担当者は別の部署に異動しているか、退職している可能性が高いです。

(2)　相続が発生すると

相続が発生すると、遺言の執行人になっている信託銀行は、他の金融機関の口座を解約して、自分の銀行の口座に集約して財産の管理・分配をします。そして、投資信託等の金融商品の営業をします。金融機関の方にお世話になったという気持ちもあり、勧められた金融商品を購入す

るようなケースもあります。後々、冷静に運用を考えた時に、後悔することがないようにしたいものです。

## 2　信頼できる専門家が複数いると理想的

　相続が発生した後のことを考えると、互いに面識のない専門家が複数人いると良いでしょう。以前、スイスのプライベートバンカーからこのアドバイスを受けました。専門家でも間違いはありますし、時として1人が担当していると仕事が雑になる可能性もあります。お互い面識がなく、共謀する可能性のないことが重要です。1人に全部を任せるのではなく、複数人に依頼することにより、お互いに牽制する効果があります。日本では、弁護士と税理士の組合せが適当かと思います。無駄な金融商品を買わされたり、詐欺まがいの取引に巻き込まれたりすることを予防する効果があります。

　オーナー経営者の影響力が大きければ大きいほど、周囲の人はストレスを抱えていることが多く、復讐感情を持っている場合もあります。ただ、そのことにオーナー経営者は全く気が付いていない場合がほとんどです。

## 3　会社と家族との関係

　オーナー経営者が亡くなると、家族と経営陣で利害が対立することもあります。今後の生活が不安な家族と、会社の経営に不安を抱える経営陣とで、死亡退職金の支払いや親族の役員報酬の金額をめぐり意見が対立することもあります。

　相続財産からの安定的な収益があれば、ゆとりをもって会社とも話し合いが可能になります。自社株が相続財産の大半を占めていると、納税の心配もあり、現金が必要となり、自社株の買取り請求をする必要があるかもしれません。その場合には、会社との交渉が必要になってきます（定款に、相続人等に対する売渡し請求に関する定めがあれば、会社側が買取ることは可能ですが、会社に選択権があります）。

## 4　遺言書の付言の効果

　オーナー経営者が亡くなると、会社との関係以外にも、家族間での関係にも変化が起こることがあります。子、子の配偶者も交えて、過去の学費のこと、結婚式の費用のこと、各種祝儀のこと、自宅購入の際の援助のこと等、過去に各人が抱いていた不平不満が出てくることがあります。オーナー経営者の生前には誰も言わなかったようなことが出てきます。

　遺言書の付言ですべてが解決するわけではありませんが、なぜこのような遺言書を記したか、そして、家族への想い等を付言として記述することにより家族の中で、その気持ちを整理することができます。

---

ポイント整理

　影響力の大きいオーナー経営者が亡くなると、人間関係が変化します。会社と相続人の関係、金融機関と相続人の関係、相続人同士の関係、相続人とその配偶者たちの関係等、パワーバランスが崩れ、必ずモヤモヤしたものが生まれます。そのためにも、遺言書には付言をつけておくと良いでしょう。

# 第 **4** 章

# オーナー経営者の相続と
# その落とし穴

## 相続税の対象になるかどうか？

> 　私が亡くなった時に、相続税を払わなくてはならないかどうか知りたいのですが何から始めたら良いのでしょうか？　また、相続税の申告は必ずしなくてはいけないのでしょうか？

### 回答

　まず、相続税の対象になるかどうかを把握します。

　財産の棚卸しリストを作成し、財産と債務がどのくらいの評価になるのかを把握しておく必要があります。その際に、不動産取得時の書類、固定資産税の納付書、証券会社からの明細書、ご自身で会社を経営されている方は自社の決算書など整理して保管しておくと便利です。

### 解説

### 1　相続税の対象

　「相続時の財産額の合計（現預金、不動産、株式、貸付金など）」から「債務（借入金、葬儀費用)」を控除した残額から基礎控除額を引いた金額が相続税の課税対象となります。

### 2　財産額の評価方法は種類により異なる

　財産は、その種類によって評価方法が異なります。

　(1)　現預金

　原則、相続時の残高ですが、相続直前に、当面の出費に備えて預金を引き出しているような場合には、その現金は相続財産に加算するのが通例です。

　(2)　不動産

　建物は、固定資産税評価額で評価し、土地については国税庁から発表される路線価がベースとなります。賃貸している建物・土地については、一定の減額があります。評価に際しては、市区役所等から送付されてく

る固定資産税の納付書と国税庁がホームページで発表する路線価が参考になります。

　(3)　自社株

　自分で経営している会社の株式（オーナー経営者の所有する株式）の評価額は複雑な評価方法により計算しますが、純資産（資産－負債）の金額を発行済株式数で除したものが1株あたりの評価額の目安となります。評価に際しては、過去3年分の決算書があればだいたいの株価の算定が可能です（正確な評価は税理士等の専門家に依頼してください）。

## 3　相続税の申告が必要かどうかの判断は基礎控除を超えるかどうかにより判断

　上記で計算した「相続時の財産額の合計から債務を控除した残額」が「基礎控除」（3,000万円＋法定相続人の数×600万円）を超えれば税務署への相続税の申告が必要となり、基礎控除以下であれば申告は不要です。

## 4　特例の適用を受けるには実質的な納税額がゼロでも申告が必要

　配偶者の税額軽減、小規模宅地の特例の適用を受けるには申告が必要になります。特例の適用をすれば、相続税の納税額がゼロとなる場合でも申告は必要になりますので注意が必要です。また、相続税の場合、後日、税務調査を受ける可能性があるため、税務調査があることを前提とした対応をしておくべきでしょう。

---

### ポイント整理

　相続税の対象になるかどうかを把握したら、どのくらいの税額になるか、そして、その税額を納付できる現金があるかどうかを確認する必要があります。相続税は、特例の適用が税額に大きな影響を与えるので、特例の要件を確認しておきましょう（本章ケース2参照）。

## 相続の節税ポイントは 2 つ

相続税の申告について、節税のコツはどのようなものがあるのでしょうか？

### 回答

小規模宅地等の特例・配偶者の税額軽減の特例の 2 つがポイントです。

相続税の申告を検討する際に、大きなポイントから検討していくことが重要です。

### 解説

#### 1　相続税の申告書のポイント

相続税の申告のチェックポイントは、小規模宅地等の特例を誰に適用しているか、配偶者の税額軽減の財産の内容の 2 点です。もちろん、他にも重要なポイントはありますが、簡単にチェックできる重要ポイントを確実に押さえましょう。

#### 2　小規模宅地等の特例と配偶者の税額軽減

小規模宅地等の特例（以下「小規模特例」。特例の対象となる土地の評価額が80％又は50％減になる）を誰に適用しているかが重要です。

小規模特例の要件を満たす相続人が複数いる場合には、小規模特例を配偶者以外に適用した方が相続税の負担は軽減されます。配偶者には、配偶者の税額軽減により法定相続分又は 1 億 6 千万円のいずれか多い金額までは相続税がかかりません。税負担が軽減される配偶者に小規模特例を適用するよりも、税負担が重い配偶者以外の相続人に適用するのがポイントです。この点を考慮して遺言書の作成・遺産分割をするのが効果的です。

## 3　節税にならない無駄な努力

　節税という視点ではありませんが、相続税の税務調査で最も問題になるのが、名義預金・名義株です。かなり多くの方が、自分の財産を他の方（配偶者、子、孫など）の名義にしています。少しでも財産を移転しておけば有利だろうと考えて無駄な努力をしているのが実情です。これらの行為は節税にはなりません。調査をする側からすると、名義預金・名義株の指摘が最も簡単です。税務署の持っている資料だけで完結しますし、反論のスキがありません。

　専業主婦である配偶者が1億円の預金を持っている場合や、学生である子が5,000万円の上場株式を所有しているような場合には、名義は配偶者や子になっていますが、その実質は夫の相続財産の一部であると認定されます。完全に無駄な努力です。

　無駄な努力ではなく、大きなメリットがある特例をきちんと適用できるように準備をしておくことが大事です。

## 4　その他の節税ポイント

　⑴　生命保険金の非課税・死亡退職金の非課税

　生命保険金と死亡退職金については、相続税の非課税枠があり、相続人が取得した生命保険金、死亡退職金は「法定相続人の数×500万円」までは税金がかかりません。よって、この非課税枠を使うために生命保険を活用することも有効です。

　⑵　被相続人のための費用

　被相続人のために相続人が支出した費用がある場合には、相続税の計算上は債務控除として相続財産から控除されます。よくある例としては、医療費、特別養護老人ホームの入居金及び月額費用などがあります。相続人が負担していても、相続税の計算で控除できることを知らないため、正確な金額がわからないということが多々あります。介護期間が長期間になる場合には、大きな金額になることがあります。

　無駄な努力をして税務調査で指摘をされるより、相続税のルールを理解した上で、きちんと特例の要件を整えることが必要です。無駄な努力は、税務調査で相続人を困らせることになります。

## ケース3

## 贈与の仕組みと種類

　生前贈与をする場合には、どのような方法で贈与するのが良いのでしょうか？

### 回答

　取得費の承継、各制度の特徴を理解して積極的に活用すると本当の節税になります。

　贈与の特徴を把握して有利に活用すると、相続、事業承継などの備えにもなります。

### 解説

### 1　取得費の承継

　贈与した財産の取得価額は、贈与した人が当初に取得した際の取得価額を承継します。また、名義変更などに要した費用は、取得価額に含めることができます。つまり、取得価額と時価を比較して時価が著しく低下した財産については、含み損の贈与を行うことができます。

### 2　贈与の種類

（1）　暦年贈与（一般贈与）

　個人が１年間（１月１日から12月31日）に贈与で取得した財産の合計額が基礎控除（年間110万円）を超えた場合に申告が必要です。個人から個人への贈与であれば、特に要件はありません。財産をもらった人に納税義務があります。

（2）　暦年贈与（特例贈与）

　直系尊属（父母、祖父母など）から20歳以上の者に対して贈与する場合には、前述の暦年贈与（一般贈与）に比較して、贈与金額500万円以上の場合、税率が優遇されます。基礎控除は年間110万円です。

⑶　相続時精算課税

　贈与者は直系尊属で60歳以上の者で、受贈者は18歳以上の推定相続人又は孫です。2024年以後の相続時精算課税では、毎年110万円までの基礎控除が設定されます。この110万円までは、贈与税も相続税も課税されませんので、実質的には暦年贈与と同じ効果になります。相続時には、贈与額のうち年間110万円を超えた部分の合計額が相続財産として加算されます。また、特別控除額が2,500万円あるので、大きな金額の移転にも適しています。

⑷　住宅取得資金の非課税

　18歳以上の者が住宅の新築又は増改築等のための資金を直系尊属から贈与で取得した場合には、住宅の種類・取得時期により、500万円から1,000万円までの非課税の適用があります。用途は住宅の取得等に限定されます。

⑸　教育資金の一括贈与

　直系尊属から30歳未満の者に財産を拠出した場合、受贈者1人につき1,500万円まで非課税で贈与が可能です。用途は教育資金に限定されます。

⑹　結婚子育て資金の一括贈与

　直系尊属から18歳以上50歳未満の者に対して財産を拠出した場合、受贈者1人につき1,000万円まで非課税で贈与が可能です。用途は、結婚、出産、子育てに限定されます。

⑺　贈与税の配偶者控除

　婚姻期間が20年以上の配偶者から居住用不動産又は居住用不動産を取得するための金銭の贈与を受けた場合には、2,000万円（居住用財産等の金額が限度）まで非課税で贈与が可能です。

## 3　基礎控除・もらう人を増やす

　暦年贈与における基礎控除は1人年間110万円です。よって、基礎控除を有効に活用して、相続財産を減らしたいという場合には、もらう人（受贈者）を増やすのが効果的です。ただし、相続人への贈与は、相続開始前3年以内（2024年以降は7年）のものは、相続財産に加算されま

す。相続に効果的な贈与とするには、相続人以外の方へ贈与するのが良いでしょう。

　ただし、子や孫の配偶者（息子の嫁、孫娘の婿など）などへの贈与をする場合には、離婚のリスクも念頭に置いてください。

## 4　贈与税の課税の仕組み

　贈与税の課税価格は、財産の種類によって、どの価格を使うかが決められています。

　　　<贈与税の課税価格>

| 財産の種類 | 評価額 |
|---|---|
| 土地 | 路線価（倍率地域は倍率評価）<br>※毎年、国税庁より発表される。 |
| 建物 | 固定資産税評価額<br>※市区町村の納税通知書に記載されている。 |
| 自社株式 | 相続税評価額<br>※評価は専門家に依頼する。 |
| 上場株式 | 次のうち最も少ない金額（有利選択ができる）<br>①贈与日の終値<br>②贈与した月の平均<br>③贈与した月の前月平均<br>④贈与した月の前々月平均 |

**ポイント整理**

　効率的な贈与を行うには、非課税の要件を確認することが重要です。また、どの贈与制度を使うかを事前に検討して、メリット・デメリットを比較しましょう。

## 生前贈与が有利になる場合とは

> 税理士に相続税の試算をしてもらったところ、私の相続財産（課税価格）は、約8億円とのことでした。孫たちに自分の財産の一部を残したいと考えていますが、生前贈与するのが良いのでしょうか？

### 回答

相続の限界税率と贈与税率とを比較し、有利な方で移転します。

相続でお孫さんたちへ財産を渡すには、遺言書にその旨を明記する必要があります。また、相続税の限界税率を知った上で、贈与で移転することを検討すれば、相続税の節約が図れます。

### 解説

### 1　相続税の限界税率を知る

相続税の限界税率（現状で仮に1万円財産が増加した場合に、いくら税額が増加するか）を知ることは、贈与戦略を検討する上で重要です。上記の例の場合には、課税価格が8億円で仮に相続人が1人だとすると、相続税の限界税率は55％になります。

税理士に依頼して相続税の試算をしてもらえば、限界税率を知ることができます。

### 2　贈与税率

贈与税率は最高税率が55％ですので、55％（相続税の限界税率）よりも低い税率で贈与して財産の移転ができるのであれば、それは相続税の節約につながります。たとえば、評価額500万円の財産を贈与した場合には、贈与税は48.5万円（9.7％）になります。次頁の表は、贈与金額と実効税率をまとめたものです。

＜贈与税の実効税率＞特例贈与（直系尊属から20歳以上の者へ贈与）

| 贈与金額 | 贈与税額 | 実効税率 |
|---|---|---|
| 110万円 | 0 | 0 |
| 200万円 | 9万円 | 4.5% |
| 300万円 | 19万円 | 6.3% |
| 500万円 | 48.5万円 | 9.7% |
| 800万円 | 117万円 | 14.6% |
| 1,000万円 | 177万円 | 17.7% |
| 3,000万円 | 1035.5万円 | 34.5% |
| 5,000万円 | 2049.5万円 | 41.0% |
| 1億円 | 4799.5万円 | 48.0% |

## 3　孫への財産の移転（遺言・贈与）

　孫に相続で財産を移転するには、遺言書にその旨を明記する必要があります。そうしないと、孫は通常の場合、相続人になりません。また、相続人ではない孫（孫養子を含む）が相続で財産を取得した場合には、「相続税額の2割加算」という制度があり、孫の相続税に2割加算されます。よって、税率が55％の方の場合、66％（55％×1.2）になります。

　しかし、贈与税には、税額の2割加算という制度はありませんので、最高税率は55％です。タイミングも自由に選択できますし、自分が元気なうちに自分の意思とともに財産を移転することができます。孫への財産の移転は、相続とは切り離して贈与での移転を検討しても良いでしょう。

## 4　相続開始3年（7年に拡大）以内の贈与

　相続人に対する相続開始3年以内の贈与は、相続財産に加算されます。2024年からは7年以内に拡大されます。ただし、相続人ではない孫への贈与については対象ではありませんので相続財産に加算されません。

　相続税の試算をして相続税の限界税率を把握すると、贈与をする方が有利かどうかの判断が簡単にできます。

## ケース5

## 否認されない贈与の方法

相続税の調査で過去に贈与して、贈与税の申告をしていたにもかかわらず、否認され、相続財産に加算されたという話を聞いたことがありますが、どのような点に注意すれば否認されない贈与になるのでしょうか？

### 回答

契約書、双方の合意、名義変更、財産の管理など当たり前のことをします。否認される贈与は、贈与の実態がないことがほとんどです。つまり、子又は孫は贈与の事実を知らずに、子又は孫名義の口座に現金を移しているケースです。また、通帳は被相続人が管理しており、贈与税の申告はしていても、それは贈与の事実があるとはいえません。

### 解説

#### 1 贈与の有効性

贈与は、贈与者と受贈者の双方の合意で有効になります。贈与契約が有効であるためには、当事者に行為能力と意思能力が備わっており、贈与者が財産を無償で与える意思表示をして、受贈者がこれを受諾した場合に有効になります。

よって、子や孫名義の口座に預金や株式があったとしても、子や孫がこれを知らない（受諾していない）場合には、贈与は成立していないことになり、これが税務調査で名義預金・名義株として指摘されることになります（本章ケース6参照）。また、贈与者が認知症のような場合にも問題になります。

#### 2 財産の管理が重要

贈与をする際に気を付けておきたいのは、まず贈与契約書を作成して自署・押印をしておくことです。そして、その贈与した財産の管理をど

のようにしていたのかが重要になります。贈与した財産は、受贈者（子や孫）が自由に使ってこそ贈与したことになります。それを無駄遣いを防止するということで、贈与者が管理していては真正な贈与とは認められない可能性が高いです。そのような場合には、贈与税の申告をしていたとしても、贈与の事実は否認され、相続財産に加算されることになります。

　名義預金についての過去の東京地裁の判決では「納税者はその名義が使用されたほかは、本件定期預金の形成、管理、運営又は使用に関与することはなかった」として、その財産の形成、管理、運用を誰がどのようにしていたかをポイントとして指摘しています。預金を定期預金にしていて、満期になるたびに贈与者が更新していたなどという事実は名義預金の裏付けになるものです。

## 3　未成年者への贈与

　未成年者へ贈与をする場合、親権者が本人に代わって、贈与契約書や財産の管理を行うことにより問題なく贈与できます。ただし、未成年者が意思表示をきちんとできるようになった段階では、財産の管理は本人に移管する必要があります。そのまま親権者が管理を継続していると、名義預金という認定をされる可能性があります。贈与は 0 歳児にも可能ですが、くれぐれも財産の管理、運用等について、名義預金と認定されないようにしましょう。

### ポイント整理

　贈与税の申告書を提出していれば、贈与を否認されることはないというのは昔の話です。本当に実態がある贈与であるかどうかが肝心です。

## ケース6

### 名義預金と認定されないため

> 相続税の申告をする際には、妻や子供の名義になっている財産も申告しなくてはいけないのでしょうか？　相続税の調査のポイントにはどのようなものがあるのでしょうか？

### 回答

相続税の税務調査において、特に指摘を受ける可能性が高いのが名義預金・名義株です。これらは、余裕資金を持っている富裕層の多くに見受けられる共通の行動パターンともいえます。相続税の税務調査で、名義預金・名義株の認定をされないように事前に過去の名義変更の経緯を含めて準備をすることが重要です。

### 解説

#### 1　名義預金・名義株とはどのようなものか？

名義預金・名義株とは、財産の出所は本人だが、他の者（配偶者、子、孫など）の名義にしておくことをいいます。たとえば、専業主婦の妻名義の口座に5,000万円の残高が確認できるような場合には、税務調査の調査官は夫の預金の一部を妻の名義に変更しているだけではないかと推測します。預金が夫の名義であれば相続税の対象となります。

しかし、妻の名義になっていれば相続税の対象外と考えがちですが見逃してはくれません。公平な課税を実現するために、これらを名義預金（株の場合には、名義株）として相続税の課税対象とするのです。名義が変わっていれば、相続税の申告の際に問題ないと思っている方は多いですが、その部分に大きな認識の誤りがあり、かなりの確率で残された相続人が苦労をすることになります。

実際の相続税の税務調査では、調査官は相続人の預金口座・証券口座をチェックした上で、名義預金の有無にあたりをつけてから実地の調査を行います。配偶者、子、子の配偶者、孫、孫の配偶者などの口座の情

報は把握した上で調査を進めます。相続税の申告対象となる方は、関係者についても注意が必要です。関係者にも、過去の勤務経験や相続で財産を取得した経緯があるかなどを入念に聞き取り、調査します。

## 2 名義預金・名義株と認定されないためにはどうする？

名義預金・名義株と認定されないためには、名義を変更した際に贈与税の申告（年間110万円までは非課税）を行うことが重要です。つまり、名義だけ変更するのではなく、本当に贈与（もらった人が財産を管理・処分できる状態）することです。贈与税の非課税枠は年間（1月1日から12月31日までの期間）110万円ですが、非課税枠内の贈与は贈与税の申告が不要なために証拠が残りにくいという難点があるため、110万円を少し超えた金額で贈与税の申告を行い、その申告通りに預金・株式の移転を行うのが良いでしょう。ただし、本当に贈与をしたということが重要です。「実際に子どもに渡したら、子供が勝手に使ってしまうかもしれないので心配」と言っている場合には、100％名義預金ですのでご注意ください。

以前は「110万円を少し超えた金額の贈与をしたことにして、贈与税の申告をしていれば名義預金と認定されません」と言われていましたが、贈与の事実があるかどうかが重要であり、申告書を提出しているか否かで、贈与の事実が形成されることはありません。あくまで贈与の事実があるかどうかが重要です。

贈与の事実、贈与する財産の種類などを検討することにより、贈与者にとっても、受贈者にとっても、最適な贈与のパターンを見つけることができるはずです。現金よりも不動産や金融商品の方が工夫の選択肢があります。たとえば、収益不動産の持分を贈与すると収益の一部を得ることができますが、不動産の処分は制限されます。

## 3 保険契約にも注意が必要

保険契約の場合にも、他の方（配偶者、子、孫）名義の保険の保険料を亡くなった方が負担していた場合には、やはり相続税の対象となります。相続財産に含まれないようなものでも、法律上は相続財産に含まれ

ることになるため注意が必要です。

　保険契約は、預金口座からの自動引落しにより保険料の払い込みをしているケースが多いこと、そして、所得税の確定申告で保険料控除を申告していることにより、税務署としては容易に把握が可能です。よって、相続税の税務調査の際に、この部分について指摘するのは非常に簡単です。

> ### ポイント整理
>
> 　名義預金・名義株は、税務調査を行う調査官が必ずチェックするポイントです。実態のある贈与をすることで、名義預金・名義株の認定は避けることができます。

## 会社への貸付金と相続税

> 私は、中小企業のオーナー経営者ですが、会社に対して貸付金があ
> ります。会社から返済をしてもらいたくても、工場建設をしたため返
> 済は難しいと思います。私からの貸付金は、このまま放置しておいて
> も問題ないでしょうか？

### 回答

　貸付金も相続財産ですから、事前に対策が必要です。

　中小企業の経営者で、会社に資金を貸し付けている方は非常に多いで
す。経営者に相続が発生した場合、その貸付金は相続財産となり、相続
税及び遺産分割の対象になります。会社がその貸付金（会社にとっては
借入金）を返済できるのであれば問題ありませんが、返済が困難である
場合には、それは問題となる貸付金であり事前の対策が必要です。

### 解説

### 1　自分の会社への貸付金と相続

　経営者が会社に資金の貸付けをしているのは、会社の資金繰りが厳し
いからであって、資金繰りに余裕があれば貸付けなどしないので、その
返済が困難である場合が通例です。経営者に相続が発生した場合には、
その貸付金は相続財産となります。相続税の対象となる方であれば、相
続税の負担が発生します。そうすると、換金性のない幻の財産（＝返済
が困難な貸付金）に対して、相続税を負担することになります。よって、
会社からの返済が困難と判断される貸付金は、以下の手順で処理するこ
とが望ましいです。

### 2　債権放棄と債務免除益

　会社の資金繰りから貸付金の返済は困難だと判断した場合には、債権
放棄をすることが考えらます。個人が債権放棄をした場合、個人では何

も課税は発生しませんが、会社は債務免除益（雑収入）を計上しなくてはなりません。個人が債権放棄した分だけ、会社は得をするからです。その債務免除益には、法人税等の税金が課税されます。しかし、当期に損失が見込まれる場合や、前期以前の繰越欠損金がある場合には、その欠損金と債務免除益を相殺することにより税負担を軽減することができます。繰越欠損金の期限が切れてしまっていると、相殺することができないため、繰越欠損金の期限の管理をすることがポイントです。繰越欠損金の範囲内で債権放棄をして、欠損金を使い切るようにしたいです。

　また、株主が複数いる場合には債権放棄により株価が上昇することで、みなし贈与という指摘を受ける可能性も考えられます。

## 3　貸付金を現物で返済

　貸付金は金銭のみならず、会社が所有している財産（不動産、会員権、有価証券、保険契約など）により現物で返済を受けても良いです。その場合には、その返済に充当した金額の評価を適正に行う必要があります。取引相場がある会員権や有価証券であれば、その相場の価額により行い、不動産は鑑定評価などの評価額により行う必要があります。また、保険契約については、解約返戻金の金額により移転することとなります。

## 4　問題となる貸付金に気付くことがポイント

　返済が困難と判断した貸付金は、会社に期限内の繰越欠損金があるうちに、その範囲内で債権放棄をして貸付金の残高を減額しておくと相続の際に有利です。無駄な相続税を負担している経営者（実際の負担は相続した経営者の相続人）は意外とたくさんいます。事前にこのようなデメリットに気が付いていないためです。毎期、決算書を見る際には、繰越欠損金の金額（法人税別表七）と貸付金（会社の決算書では借入金）の残高を確認し、貸付金が相続の際に問題になることがないかを確認しておきましょう。

　個人と会社間での貸借関係がある場合には、事前に対策しておきましょう。個人から会社への貸付金（会社では借入金として計上）がある場合、相続税の負担が増加している可能性があります。

## ケース 8

### 相続放棄と生命保険

　私は専業主婦ですが、夫（オーナー経営者）の生命保険と相続税の関係について教えてください。夫が契約している生命保険契約（夫の口座から引落し）がありますが、相続の際にはどのように取り扱われますか？　有利な保険の掛け方はありますか？　夫には個人の借入金がありますが、相続放棄をした場合、死亡保険金を受け取ることができますか？

### 回答

　生命保険金の非課税金額について理解しましょう。

　相続税の対象となる生命保険金には、非課税金額があるので、自分の非課税金額がいくらかを把握し、非課税枠を活用した保険に加入するのが有利です。また、借入金があるなどして相続放棄をした場合でも死亡保険金は受け取れます。

### 解説

### 1　相続税の対象となる生命保険金

　上記の例では、夫の死亡により取得する死亡保険金で、その保険料の全部（又は一部）を夫が負担（夫の口座から引落し）していたものが相続税の対象となります。上記の保険金は、みなし相続財産として相続税の対象となります。保険の契約には、契約者、被保険者、保険金受取人、保険料負担者（通常は契約者が負担）があり、それぞれの組み合わせにより課税される税目などが異なります。

　もし、妻が保険料（全額）を負担していた場合には、死亡保険金は妻の所得税（一時所得）の対象です（ただし、相続税の税務調査があった場合には、妻が自己資金で保険料を負担する資力があったかどうかを問われる可能性があるので注意が必要です）。

## 2　相続税の非課税枠

　相続税では、相続人が取得した死亡保険金については、「非課税額＝法定相続人の数×500万円」の適用があります。取得した死亡保険金から非課税額を控除することができます。相続税の課税が見込まれる人は、この非課税額を活用するために生命保険に加入すると相続税の課税上有利になります。相続放棄をすると相続人ではなくなるため、非課税枠の適用はありません。

## 3　法定相続人の数

　法定相続人の数とは、相続の放棄がなかったとした場合の相続人の数です。相続の放棄をすると、相続人でなくなるため生命保険金の非課税枠の適用はありません。ここでいう相続の放棄とは、相続の開始後3ヵ月以内に家庭裁判所に申立てを行う正式な相続の放棄です。たとえば、相続人が妻と子2人の場合には、法定相続人の数は3人となります。

## 4　「相続の放棄」の法的な意味

　相続の放棄とは、家庭裁判所に申立てを行い、自分の相続権を放棄することをいいます。よく耳にする言葉ですが、実際に家庭裁判所に行って正式な手続きをしているケースは稀です。財産を何も取得しないという遺産分割協議に実印を押したことを「放棄」したと考えている場合が多くあります。しかし、相続の放棄が非常に重要な意味を持つのは、相続する財産よりも債務（借入金など）が大きい場合です。相続の対象となった債務は、たとえ相続財産を取得しなかったとしても、債務は相続人の連帯債務になります。つまり、相続人全員で返済していかなければなりません。家庭裁判所で正式な相続の放棄をした場合には、この連帯債務から解放されることになります。

　なお、相続の放棄をした場合であっても、保険金の受取人になっていれば、保険金を受け取ることはできます（ただし、相続の放棄をしているので、生命保険金の非課税枠の適用はなく、受取保険金については相続税の課税対象になります）。

ポイント整理

　生命保険金は、他の財産と性格が異なり、保険金受取人の固有の財産です。相続放棄をしても受け取ることができますし、基本的に、遺留分の計算からも除外されます。

## 離婚と相続

> 私は、過去に離婚しており、前妻との間に子が1人います。また、現在の妻との間には子が1人います。私に相続が発生した場合、相続権はどうなりますか？　年齢も若くこれから教育資金も必要となる現在の妻との間の子に、できれば多くの財産を残したいと考えています。どのような手続きが必要でしょうか？

### 回答

　遺言書を必ず作成しましょう。遺言書がないと相続人が苦労します。

　過去に離婚をしており、前妻との間に子がいる場合には、相続に関しては事前準備が必要です。事前準備がないと、普段、疎遠な関係にある相続人同士が遺産分割協議を行うことになります。残された相続人にとっては、精神的に大きな負担となります。

### 解説

### 1　法定相続分はどうなるか？

　相続が発生した場合の法定相続人は、現在の配偶者（法定相続分2分の1）、現在の妻の子（法定相続分4分の1）、前妻の子（法定相続分4分の1）となります。子という立場では、法定相続分は同じであり、前妻の子も現在の妻の子も対等の立場です。

### 2　遺言書の作成と遺留分

　誰かに多くの財産を残したいという意思を持っている場合には、必ず遺言書が必要になります。離婚していて前妻（又は前夫）との間に子がある場合には、疎遠になった子と話し合いを持つということが困難である場合も多いので、話し合いをしなくとも相続の手続きが遂行できるように、公正証書で遺言書を作成するのが良いでしょう。その際には、遺留分を考慮して財産の分割を決める必要があります（第1章ケース6参

照）。

　前頁の例の場合には、前妻の子の遺留分である8分の1（法定相続分が1/4なので法定相続分の2分の1となり1/4×1/2＝1/8）を確保するような遺言書が必要となります。遺留分に満たない財産しか取得していない場合には、その遺留分が侵害されていることを知った日から1年以内に、遺留分侵害額請求をすることが可能です。他の相続人に不足分を請求することができます。

## 3　大切なこと

　遺言書を作成する場合、基本的には、偏った分割を希望する場合です。その場合に、多くの財産を取得した相続人と少ない財産しか取得していない相続人が存在することになります。つまり、相続人に順位をつけるような作業であるともいえます。多くをもらった相続人は愛情を受け、少ない財産をもらった相続人は愛情を受けていないように感じてしまうことも多いです。このことが原因で、兄弟姉妹の間で不公平感や不満感を抱くケースも出てきます。

　遺言書には、どういう理由で、どんなことを願って、その財産を承継してほしいかを書き残すことによって、故人の意思表示をしておくことが重要です。そのような財産の分割になった理由を自分の言葉で遺すことがとても重要です。

## 4　婚外子の相続

　最高裁の判決で話題となった婚外子の相続権（従来は正式な婚姻関係で生まれた子の2分の1）についても、法定相続分が「2分の1」から「1」になることにより、遺留分の問題は今まで以上に大きなウェイトを占めることになります。婚外子（認知した子）がいる場合については、一層、遺言書による事前の準備が重要であるといえます。

## 5　結婚・離婚による財産の移転

　配偶者は常に相続人になるため、結婚、離婚により思いがけない移転が発生することがあります。

(1)　遺言書で娘に株を相続したケース

　創業者が、娘に会社を譲りたいと思い、娘に株式のすべてを相続させた後に娘が亡くなってしまいました。相続人は夫と子でしたが、株式はすべて夫が相続しました。後に夫は再婚し、夫とその配偶者が会社の役員となり会社を経営しています。創業者からすると、当初の考えとは違った会社の将来になってしまいました。

(2)　株式を贈与した息子が先に亡くなったケース

　創業者が、息子を後継者として株式も贈与で移転していましたが、息子が亡くなり、株の一部は息子の配偶者に移転することになり、その株式は買取り交渉の末に会社が取得することになりました。

---

ポイント整理

　結婚、離婚により、財産が思いもよらない方向に移転してしまうことがあります。どのような可能性があるかを把握して、遺言書などの準備をしておきたいです。

## ケース10

## 子どもがいない場合の相続（兄弟姉妹への相続）

　私は、結婚しておらず子どももいません。相続人になるのは私の兄弟ですが、兄弟も高齢であり、財産を相続したところで有効に活用できるかどうかわかりません。老後の生活費のことを考えつつ、寄付などをして有効に活用したいと考えているのですが、どのような方法があるのでしょうか？

### 回答

　遺言や生前贈与により財産の有効活用をしましょう。

　子どもがいない相続（相続人は兄弟姉妹又はその子）の件数も少なくありません。まったく相続人がいないケースは稀ですが、相続人が直系ではない者になるケースは増加しています。そのような場合には、遺言や生前贈与を活用して財産を有効に活用できるようにしましょう。

### 解説

### 1　相続人が兄弟姉妹の場合

　遺言書がない場合には、法定相続人が遺産分割協議を行うことになります。相続人は、配偶者がいない場合で、相続人の第一順位の子がいなければ、第二順位の親となり、親もいなければ、第三順位の兄弟姉妹となります。兄弟姉妹が既に亡くなっている場合には、その子（代襲相続という）が相続人となります。

　ただし、この代襲相続は1回のみ（つまり、兄弟姉妹の子まで）で、兄弟姉妹の子が亡くなった場合には、再代襲相続は認められないことに注意が必要です。兄弟姉妹で分割協議をする場合は、まだまとまりやすいのですが、兄弟姉妹の中に亡くなった者がおり、その代襲相続人である姪や甥が分割協議に参加すると、協議が難航することも考えられます。遺言書で財産をどうするかを指定するのが良いでしょう。兄弟姉妹には、遺留分がないため、遺言書の内容が確定します。

## 2 兄弟姉妹の相続税（相続税額の2割加算）

　相続人が兄弟姉妹の場合には、相続税額が2割加算されるという規定が存在し、通常通りに計算された相続税額に2割加算されます。これは、兄弟姉妹が遺産を取得するというのは、「たなぼた」的な要素が強いため課税を重くしています。また、子を飛び越えて、孫に相続させるような場合にも、この2割加算の適用があります。

## 3 生前贈与の活用

　相続税には、兄弟姉妹に対して相続税額の2割加算の適用があります。最高税率（6億円超：55％）で考えると、2割加算後の税率は66％にもなります。一方で、贈与税にはこの2割加算の適用はないので、最高税率は55％のままです。よって、兄弟姉妹に財産を移転する場合には、相続よりも生前に贈与で移転することにより手取り金額が増加して効率的です。生前の元気なうちに、贈与で受け取った資産を使うことも可能です。この相続税額の2割加算の規定は、孫（代襲相続人である孫を除く）への相続についても適用されます。

　相続税も贈与税も、累進課税（課税対象額が大きくなると税率が高くなるが、累進の度合いは異なる）を採用しているため、どのくらいの相続財産であれば、どのくらいの金額の贈与にメリットがあるかを比較して実行するのが良いでしょう。そのためには、個人の相続財産の金額がどのくらいになるかを把握して、贈与をした場合の税率と比較して実行したいものです。

　また、相続で法定相続人以外の者に財産を残したいと考える場合には遺言書が必須です。相続財産の寄付なども遺言書で明確に意思表示をしておかないと実現は難しいでしょう。法定相続人以外の者が相続した場合には、相続税の2割加算の適用があり、金額によっては、生前に贈与したほうが手取り金額は大きくなるということも考えられます。

　ただし、自分が何歳まで生きて、今後、どのくらいの費用が必要になるかは誰にもわからないので、遺言書と生前の贈与との組み合わせによるのが現実的でしょう。

ポイント整理

　兄弟姉妹への相続の場合には兄弟姉妹には遺留分はないので、遺言書があれば遺言書の内容が確定することになります。

　また、兄弟姉妹が相続で財産を取得した場合には、相続税額の２割加算の適用があります。兄弟姉妹が高齢であれば、元気なうちにある程度の財産を生前贈与して使ってもらうというのも良い選択だと思います。

## 代償分割資金としての保険活用

　後継者である長男に自社株を集中させて相続を考えると、他の子との相続財産のバランスが悪くなり、自分が亡くなった後が心配です。何か良い対策はありますか？

### 回答

　生命保険を活用し、代償分割の資金準備を行う場合には、受取人を誰にするかがポイントです。後継者が代償分割できるように資金の準備をしておくことも選択肢の一つです。その際に生命保険を活用して、長男を受取人にするのが良いでしょう。

### 解説

### 1　遺言書を活用する場合の注意点

　社長が所有する財産のほとんどが事業用の資産（自社株、不動産等）である場合、後継者に事業を承継するためには、これらの資産をまとめて後継者に相続させる必要があります。そのためには、遺言書で指定する必要があります。

　しかし、事業用の資産が相続財産の大半を占める場合には、後継者以外の相続人の遺留分を侵害する可能性が高いです。遺留分侵害額の請求が起こされて、事業用の資産を売却しなければならないような状況になると、事業の継続にも影響を与えかねません。

### 2　代償分割を活用した円満な遺産分割

　代償分割とは相続分の不均衡を相続人間で調整する分割方法です。たとえば、長男がいったんすべての財産を相続し、他の相続人には、長男が一定部分の金額（遺留分以上の金額）を交付するというものです。分割するのが望ましくない財産（自社株や不動産など）の場合には、代償分割により共有等を回避できます。

　代償分割で現金を交付する相続人は現金が必要になります。その現金を手当てするために生命保険が有効です。バランスを考慮して保険金受取人を他の相続人にしてしまうと、遺留分に関して問題が発生します。死亡保険金は、原則として、遺留分の計算には関係しません。よって、後継者以外の相続人を保険金受取人とすると、遺留分の対象には保険金は算入されずに自社株は算入されます。遺留分の問題を解決しようとするならば、保険金受取人も後継者として、まず後継者にすべてを相続させて、後継者が他の相続人に代償分割として現金を交付するのが円満な遺産分割につながります。

> **ポイント整理**
>
> 　代償分割を目的とした場合、死亡保険金を受け取るのは代償財産を支払う相続人です。逆にしてしまうと意味がありません。

## 民法の基礎知識

> 民法（相続関係）の改正により配偶者の居住権が保護されると聞きましたが、他にも知っておくべき重要な項目はありますか？

### 回答

　配偶者を保護する方策、遺言制度、遺留分制度などが改正されています。

　配偶者に居住権が認められ、居住用不動産に関しても配偶者保護の方策が創設されました。自筆証書遺言の方式の緩和及び法務局での保管制度もできました。また、遺留分の算定方式が見直され、相続人に対する贈与は相続開始前10年間に限定されます。

### 解説

#### 1　配偶者の居住権

⑴　配偶者短期居住権

　配偶者には、相続が発生した際、遺産分割が終了するまでの間又は相続開始から6ヵ月を経過する日のいずれか遅い日までの間、無償でその居住用建物を使用できる短期居住権が創設されています。

⑵　配偶者居住権（長期居住権）

　より長期的な居住権を保護するために、配偶者には配偶者居住権を取得させることができます。配偶者居住権は、無償で使用及び収益する権利（終身又は一定期間）で譲渡することはできませんが、相続財産に該当します。配偶者短期居住権は相続税の財産評価の問題は発生しませんが、配偶者居住権については財産評価の問題が発生します。

#### 2　遺産分割に関する見直し

⑴　婚姻期間が20年以上の配偶者への居住用不動産の贈与

　改正前は、贈与税の配偶者控除の適用を受けて、婚姻期間20年以上の

配偶者が居住用不動産の贈与を受けた場合には2,110万円まで非課税ですが、この部分は遺留分の算定をする上で配偶者の特別受益として持ち戻し計算がされました。しかし、改正後は、持ち戻しが免除になります。遺留分を考慮した財産計算において、配偶者の取得できる部分がその分拡大することになります。

(2)　預貯金の仮払い制度の創設

相続された預貯金債権について、生活費や葬儀費用の支払いに対応できるようにするため、遺産分割前においても、金融機関で一定額の払戻しができるようにする制度が新設されています。

(3)　遺産の一部分割

遺産の一部分割について規定が整備され、遺産分割前に遺産の一部が処分されてしまった場合の遺産の範囲は、共同相続人全員の同意をもって、その処分された財産も遺産の範囲に含めるとみなすこととなります。

## 3　遺言制度の見直し

(1)　自筆証書遺言の方式緩和

自筆証書遺言に関して、相続財産の目録は自署の必要はなく、登記簿謄本の添付なども可能になりました。

(2)　自筆証書遺言の保管制度

自筆証書遺言を法務局で保管する制度が創設されました。法務局で保管していた遺言書は検認を要しないことになります。

(3)　遺言執行者の権限の明確化

遺言執行者の権限について法的地位を明確化し、明文化されるようになりました。遺言執行者の復任権（他の人に依頼する権利）については、原則として認められるようになります。

## 4　遺留分制度の見直し

(1)　遺留分の侵害額の請求

遺留分の侵害額の請求権の効力は、その行使により遺留分侵害額に相当する金銭債権が生ずるものとし、一方で、権利を行使された者は金銭の支払いに代えて、遺贈等の目的財産の給付をすることができるように

整備されています。

(2)　遺留分の算定方法

　遺留分の算定について、相続人に対する贈与は、相続開始前の10年間にされたものに限って遺留分算定の基礎となる財産の価額に算入することになります。よって、10年より前に相続人に対して贈与した自社株式については、遺留分減殺請求の対象外になります。相続人以外に対する贈与は「相続開始の1年前にした贈与」に限定されます。

　ただし、現行の民法1030条後段の規定、当事者双方が遺留分権利者に損害を加えることを知って贈与をしたときは、相続人以外に対する贈与は相続開始1年前の日より前にされたもの、相続人に対する贈与には相続開始10年前の日より前にされたものも含まれます。

## 5　相続人以外の親族の貢献を考慮する方策

　相続人以外の親族（特別寄与者）が、被相続人の療養看護等を行った場合には、一定の要件のもとで、相続人に対して寄与に応じた額の金銭（特別寄与料）の支払いを請求できるようになります。

---

**ポイント整理**

・配偶者への居住用財産の贈与は、遺留分の計算から除外されることになりました。

・自筆証書遺言を法務局で保管する制度がスタートしました。

・遺留分の算定方法（相続人への贈与は10年、相続人以外は1年）が変更になりました。

---

第 **5** 章

# モデル年表

## 理想的な財産構成

> 相続の観点から、理想的な財産構成というものはあるのでしょうか？

### 回答

相続財産としては、収益を生み出す財産であるかどうか、分割しやすい財産であるかどうか、財産を保有し続けるのに手間やコストがかかるかどうかという観点が重要です。それにより、財産構成が相続人にとって望ましいものかどうか変わってきます。自宅と収益を生み出す財産の組み合わせが理想的です。

### 解説

### 1　生活の基盤となる自宅

⑴　小規模宅地等の特例

自宅は生活の基盤であり、小規模宅地等の特例の適用（自宅の場合330㎡までの土地の評価額の80％を減額される）を受けることができるように準備をしておくことが重要です。適用の要件は、事前に税理士等の専門家に確認した方が良いでしょう。また、税制改正により、要件の変更が考えられますので、変更の動向にも注意が必要です。特例の適用があるか否かで、税額は大きく変わってきます。

⑵　社宅にしている場合

社宅に居住しているオーナー経営者については、退職時に退職金の現物支給又は売買により会社から個人に移転することで、小規模宅地等の特例の適用を受けることが可能になります。自宅が相続財産に含まれていて、小規模宅地等の特例を受けることができれば節税効果は大きいです。

⑶　介護付き有料老人ホームに入居した場合

自宅を売却しないで、有料老人ホームに入居する場合には、相続の直

前に要介護認定を受けているなど一定の要件を満たせば、小規模宅地等の特例の適用を受けられる可能性があります。

## 2　収益を生む財産

### (1)　終身年金（厚生年金、国民年金など）

厚生年金をはじめとした終身年金は、退職後の中心になる収入といえます。ただし、年金だけで何の不安もなく生活できるという方は少数派だと思いますので、年金の金額を正確に把握することは重要です。終身で支払われる年金の金額を把握すると、追加でどのくらいの収入が必要かを検討することが可能になります。

### (2)　定期的な収入

不動産投資、株式、債券、年金保険など定期的な収入があることは、単に経済的な面だけではなく、精神的な安定という面でも大きな意味を持ちます。長生きするリスクに対応するためにも定期的な収入を確保したいところです。経費を使うことに慣れているオーナー経営者の中には、定期収入が減少して経費に計上できなくなると、急にケチになる方もいます。枯渇しない収益を確保することは重要です。

### (3)　相続のしやすさ

相続のことを考えると、分割しやすいというポイントは重要です。また、オーナー経営者とその相続人では、財産に対する思い入れが異なるので、相続後の維持管理の手間も考慮する必要があります。生前、大事にしていた絵画のコレクションを二束三文で相続人が売却してしまうようなケースもあり得ます。オーナー経営者とその相続人で、財産に対しての思い入れのギャップがあるものには注意が必要です。

## 3　現実的には組み合わせが重要

現実的には、その投資資産の特徴、リスク許容度などを考慮し、ご家族の年齢も確認しつつ、資産運用の組み合わせを検討するのが良いでしょう。そのためにも、それぞれ運用資産の特徴を知っておくことが重要です。組み合わせの一例としては、以下のようなものが考えられます。資産運用には、それぞれの運用資産について、メリット・デメリットが

あるので、その凸凹を組合せるとより良い組合せになります。

(1) 不動産投資と生命保険

不動産投資は、相続税の財産評価額が圧縮されるため、相続税の計算上有利になります。そのため、富裕層には根強い人気があります。相続で、不動産を売却することなくそのまま承継するために、死亡保険金（納税資金に充当）の準備をしておくのも効果的です。

(2) 株式投資と債券

株式市場と債券市場は、逆相関の関係にあるといわれています。ただし、先般のコロナ危機の際には、株式も債券も大きく下落しましたので、常に正しいというわけではありません。一般的に、長期的な相関関係でみると、株式市場と債券市場は逆相関の関係にあるので、株式と債券に投資することにより、リスクを相殺・緩和できるとされています。

(3) 外貨建債券と外貨建生命保険

相続時に外貨建債券が主たる相続財産であると、相続税は債券を売却して納付しなくてはなりません。この外貨建債券を無傷で承継するために、同じ通貨の外貨建生命保険に加入しておけば、相続税を同じ為替レベルで準備できます。債券から発生する収益はそのまま相続人に承継することができます。

## 4 年表と年齢

たとえば、20年後の自分がどのような状態かを想像するのは難しいですが、20年前にどのような状態であったかは実感として想像できます。年表で家族の年齢を並べて、過去の自分を思い出しながら想像、検討していただきたいと思います。

＜検討ポイント＞

年表で家族の状況を予測しながら全体を俯瞰することで、自宅については相続税の特例を検討し、収入（資産の運用）については相続のしやすさ、リスク管理を検討することで、効率的な相続が見えてきます。

ケース2

## 年表（退職金依存型）

　私は退職後、年金と退職金で生活しようと考えていますが、その際に問題になることはありますか？

### 回答

　退職金が財産の中心になる場合、退職金がどのくらいの金額になるかが重要です。現在の役員報酬の金額からいくらの退職金の支給が可能かを把握する必要があります（第2章ケース8参照）。退職金の金額にもよりますが、収益が年金だけになるので、長生きリスク、物価上昇リスクへの準備に不安が残ります。

### 解説

## 1　退職金依存型のイメージ

（1）年齢とイベント（年金収入：200万円／年）

| 本人 | 年齢 | 50歳 | 60歳 | 70歳 | 80歳 | 90歳 | 100歳 |
|---|---|---|---|---|---|---|---|
| | 会社 | | | 退職 1億円 | | | |
| | 公的年金 | | | 支給 200万円／年 | | | |
| | 相続準備 | | | | | 準備 | |
| | 贈与 | | | 余裕資金の贈与を検討 | | | |

（2）退職金（1億円）

| 退職金 | | | | 取崩し 残7,000 万円 | 取崩し 残4,000 万円 | 取崩し 残1,000 万円 | |
|---|---|---|---|---|---|---|---|

(3) 家族

| 配偶者 | 年齢 | 45歳 | 55歳 | 65歳 | 75歳 | 85歳 | 95歳 |
|---|---|---|---|---|---|---|---|
| 子 | 年齢 | 20歳 | 30歳 | 40歳 | 50歳 | 60歳 | 70歳 |
| 孫 | 年齢 | | 0歳 | 10歳 | 20歳 | 30歳 | 40歳 |

## 2 収入プラン

(1) 収入は、退職金と年金がメインとなり、特に退職金への依存度が高いプランです。年金で不足する部分は、預金を取り崩して生活するスタイルになってしまいます。ただ、70歳で手取り金額1億円の退職金を受け取れば、毎年300万円（＠25万円／月）ずつ取り崩しても33年間（103歳時）持続します。計算上、103歳までは持続することになります。

(2) 財産が増加する要素がないので、長生きするリスクには対応が十分とはいえません。

(3) 相続の準備というよりは、生活費を捻出することが優先されます。

＜検討ポイント＞

(1) 退職金の金額をいくらにするか、増額は可能かどうか、配偶者の長生きリスクへの対応も検討する必要があります。

(2) 退職金を単に取り崩すのではなく、運用して、枯渇するタイミングを遅らせることを検討しましょう。運用をスタートするのであれば、早い時期からのスタートをおすすめします。投資を判断する決断力、もし損失が発生した場合でも、その損失に耐え得る収入が存在する現役時代からスタートするのが望ましいといえます。

## ケース3

### 年表（不動産投資型）

　私は退職後、不動産収入と年金収入をベースに生活をしていく予定です。同じように不動産収入で生活されている方が感じている不安等ありましたら、教えてください。

### 回答

　不動産を所有していたので、安定収入があって良かったという方は多いです。その反面、不動産管理（入退去、家賃滞納など）、確定申告の煩わしさなどを感じている相続人も存在します。特に、相続人が現役世代の場合は、財産に対する思い入れもなく、面倒に感じている方が多い印象です。また、相続時に共有で相続したような場合には、維持管理、建て替えなどの面で不安が残ります（第4章ケース7参照）。

### 解説

### 1　不動産投資型のイメージ

(1)　年齢とイベント（年金収入：200万円／年）

| 本人 | 年齢 | 50歳 | 60歳 | 70歳 | 80歳 | 90歳 | 100歳 |
|---|---|---|---|---|---|---|---|
| | 会社 | | | 退職 | | | |
| | 公的年金 | | | 支給200万円／年 | | | |
| | 相続準備 | | | | 準備 | | |
| | 贈与 | | | 子、孫への贈与を検討（不動産持分） | | | |

(2) 不動産投資（1億円）不動産収入：400〜450万円／年

| 不動産<br>A | | 収益<br>400万円<br>／年 | | 売却又<br>は建て<br>替え | | | |
|---|---|---|---|---|---|---|---|
| 不動産<br>B | | | | | 収益<br>450万円<br>／年 | | |

(3) 家族

| 配偶者 | 年齢 | 45歳 | 55歳 | 65歳 | 75歳 | 85歳 | 95歳 |
|---|---|---|---|---|---|---|---|
| 子 | 年齢 | 20歳 | 30歳 | 40歳 | 50歳 | 60歳 | 70歳 |
| 孫 | 年齢 | | 0歳 | 10歳 | 20歳 | 30歳 | 40歳 |

## 2 収入プラン

(1) 収入は、不動産収益と年金で、ある程度生活に必要な資金を確保できそうです。不動産投資のサイクルは30年程度を想定しています。老朽化に伴い、売却や建て替えなどの判断をする必要がでてきます。オーナー経営者が判断をしないで相続を迎えると、相続人が判断をする必要があります。家賃の推移、費用の管理も必要になります。

(2) 時間の経過とともに、相続人も高齢になっていくので、維持管理や確定申告などが面倒に感じる可能性があります。親世代が90歳の時点で子は60歳代になります。

(3) 相続の際には、誰が取得するかを決める必要があります。また、相続時には移転の手続きが必要です（登記費用等も必要）。

＜検討ポイント＞

(1) 収益不動産の持分を生前から子や孫へ贈与しても良いでしょう。収益の移転も大きなメリットであり、維持管理を任せることにより相続での承継の準備が可能になります。

(2) 投資に際しては、新築か中古か、鉄筋か軽量鉄骨か、物件の種類と減価償却（新築の耐用年数、中古資産の耐用年数）の関係も押さ

えておきます。収益の利回りからすると、中古物件が圧倒的に有利
になります。ただし、修繕などの手間が少し余計にかかる可能性が
あります。

⑶　不動産を建て替える際には、相続を意識した準備を考えておきた
いところです（遺言書、小規模宅地等の特例の適用、借入金の有無
など）。

⑷　物件の選定と維持管理をきちんとできるかどうかも重要になりま
す。管理を依頼する不動産屋、申告を依頼する税理士などの引き継
ぎも重要です。いわゆる、不動産投資のノウハウを相続人に承継す
ることも事前に検討したいところです。

## 年表（株式・投資信託型）

> 退職後は年金をもらいながら株式投資と証券投資で生活していきたいと考えています。退職後に投資を始める場合の注意点はありますか？

### 回答

退職後に投資を始めるよりは、現役時代から投資を始めるのがおすすめです。現役時代に投資損失が発生したとしても、役員報酬などの稼得所得で緩和（役員報酬との損益通算は不可）できますが、退職後の損失は、生活資金に影響を与える可能性があります。大きな変化（リーマンショック、コロナ危機など）を経験した上で、市場と付き合っていくのが良いと思います。ごく少額な投資から始めるのが良いでしょう。一度、大きな金額からスタートすると、小さな金額に戻りにくい傾向にあります。

### 解説

### 1 株式・投資信託型のイメージ

(1) 年齢とイベント（年金収入：200万円／年）

| 本人 | 年齢 | 50歳 | 60歳 | 70歳 | 80歳 | 90歳 | 100歳 |
|---|---|---|---|---|---|---|---|
| | 会社 | | | 退職 | | | |
| | 公的年金 | | | 支給 200万円／年 | | | |
| | 相続準備 | | | | | 準備 | |
| | 贈与 | | | 株式等の贈与を検討 | | | |

(2)　株式投資・投資信託（1億円）配当等収入：200〜500万円／年

| 株式 | | 利回り　2〜5％／年（ただし、投資損失の可能性もあり）<br>200〜500万／年 |
|---|---|---|
| 投資信託 | | |

(3)　家族

| 配偶者 | 年齢 | 45歳 | 55歳 | 65歳 | 75歳 | 85歳 | 95歳 |
|---|---|---|---|---|---|---|---|
| 子 | 年齢 | 20歳 | 30歳 | 40歳 | 50歳 | 60歳 | 70歳 |
| 孫 | 年齢 | | 0歳 | 10歳 | 20歳 | 30歳 | 40歳 |

## 2　収入プラン

(1)　株式の配当利回りは、年2％から5％くらいが目安になります。長期投資の場合でも、市場環境の変化に応じて、銘柄の組み替えなど、必要に応じて判断をする必要があります。相続人が判断をしていくのは難しいかもしれません。配当額、収益分配金の見通しとしては200〜500万円／年となります。

(2)　相続時は、証券口座の中の移動だけで良いので相続手続きは簡単です。

(3)　配当収入は魅力ですが、業績に連動するので安定するかどうかは不明です。投資金額の変動を気にすると、気が休まらない状況になる可能性もあります。

＜検討ポイント＞

(1)　社会情勢、市場環境により、想定を超える変化が発生するリスクがあります。余裕資金（長期的に使う予定のない資金）であれば、放置して様子をみることができますが、配当収入を生活費にしていると精神的に不安になります。株式・投資信託だけでなく、他の安全資産との組み合わせで、一定の収益が確保できるようにしておきたいところです。

(2)　変化に対応するために、プライベートバンクなどの専門家のサポートも検討したいところです（第3章ケース3参照）。長期投資

を考えると、本人も相続人も高齢になっていくため、適正な判断を
するには、専門家のサポートと本人がどこまでリスクを許容するか
という判断が重要になります。

## 年表（外貨建債券投資型）

外貨建債券へ投資されている方は、何に魅力を感じているのでしょうか？

### 回答

外貨建債券の最大の魅力は、利回りが高いことです。また、投資の選択肢が多く、年数は短期（数ヵ月）から30年までの期間があり、中途での売却も可能であることです。毎年、定額の収入（外貨で確定）が入金され、生活費に充当するのに適しています。収益力が為替リスクを上回るような長期投資をすれば、為替を必要以上に心配する必要はないと思います（第3章ケース6参照）。また、利回りが高いので、ゼロクーポン債の贈与（財産を圧縮して贈与）も効果が大きくなります。

### 解説

### 1　外貨建債券の投資イメージ

(1)　年齢とイベント　年金収入：200万円／年

| 本人 | 年齢 | 50歳 | 60歳 | 70歳 | 80歳 | 90歳 | 100歳 |
|---|---|---|---|---|---|---|---|
| | 会社 | | | 退職 | | | |
| | 公的年金 | | | 支給 200万円／年 | | | |
| | 相続準備 | | | | | 準備 | |
| | 贈与 | | | 子、孫への贈与を検討（債券、余裕資金） | | | |

(2)　外貨建債券（合計１億円）利息収入：500万円前後／年

| A債券 | 20年債 | 約5％ | | | | | |
|---|---|---|---|---|---|---|---|
| B債券 | 30年債 | | 約5％ | | | | |
| C債券 | 20年債 | | | A債券から約5％ | | | |
| D債券 | 20年債 | | | 退職金原資約5％ | | | |
| E債券 | 30年債 | | | | | B債券から約5％ | |
| F債券 | 30年債 | | | | | C債券から約5％ | |
| G債券 | 30年債 | | | | | D債券から約5％ | |

(3)　家族

| 配偶者 | 年齢 | 45歳 | 55歳 | 65歳 | 75歳 | 85歳 | 95歳 |
|---|---|---|---|---|---|---|---|
| 子 | 年齢 | 20歳 | 30歳 | 40歳 | 50歳 | 60歳 | 70歳 |
| 孫 | 年齢 | | 0歳 | 10歳 | 20歳 | 30歳 | 40歳 |

## 2　収入プラン

(1)　収入は年金と利息収入になり、外貨建てのため為替の影響は受けますが、ドルやユーロであればある程度安定的な収入を確保できそうです。利息収入は特定口座（源泉あり）で確定申告不要になるので、国民健康保険料なども低く抑えられるメリットがあります。

(2)　利回りは５％を目安にしています。金利の上昇局面ではもう一段高いレベルも期待できる反面、その逆もあり得ます。

(3)　退職までは、償還金、利息は再投資して、外貨での元本を大きくしたいところです。償還で損失が発生した場合には、その年の利息と特定口座内で自動的に通算されます。通算しきれない部分は３年間の繰り越しも可能です。

(4)　相続が近くなった時点で、長期の債券に切り替えて相続の準備をします（相続人は、相続が発生した後も名義変更をするだけで、しばらくの期間は安定収入を確保できます）。

(5)　相続時は、証券口座の移動だけで完結するので簡単です。また、それぞれの債券について相続人を指定して相続させることができま

す。

<検討ポイント>

(1)　金利の動向（特にアメリカの金利動向のチェックが必要）により債券の入れ替えを検討するか、あるいは放置しておいて償還を迎えても良いでしょう。

(2)　償還損失と償還益、利息収入を相殺するようにプランニングしておくと、所得税の負担を軽減することができます。

(3)　ゼロクーポン債を子や孫へ贈与すると圧縮効果があります（第3章ケース8・11参照)。

## 年表（年金保険型）

> 年金保険など、保険商品へ投資する最大のメリットは何でしょうか？

### 回答

相続の視点から、保険（商品での投資）が他の投資と異なるのは、保険は受取人固有の財産である点です。単に投資で資産を増加させるだけでなく、受取人に確実に渡すことができます。相続人以外の方へ財産を渡したい場合、離婚・再婚などに伴う遺留分へ備えたい場合などにとても有効です。また、収益を生む財産をそのまま相続人に承継したい場合に、その税負担分等を保険で投資しながら準備することも有効です。現金で準備する場合と比較して、レバレッジ（てこの原理）が効きます。また、一度契約すればその契約通りになるので、簡単であることも大きなメリットです。

### 解説

### 1　年金保険型のイメージ

(1)　年齢とイベント

| 本人 | 年齢 | 50歳 | 60歳 | 70歳 | 80歳 | 90歳 | 100歳 |
|---|---|---|---|---|---|---|---|
| | 会社 | | | 退職 | | | |
| | 公的年金 | | | 支給 200万円／年 | | | |
| | 相続準備 | | | | | 準備 | |
| | 贈与 | | | 余裕資金の贈与を検討 | | | |

(2)　年金保険

| A生命<br>保険 | 終身<br>生命保<br>険 | 支払<br>0.5億円 | | | | | 死亡時<br>0.6億円 |
|---|---|---|---|---|---|---|---|
| B年金 | 定期年<br>金 | 支払<br>2,000万<br>円 | | 110万円／年 | | | |
| C年金 | 終身年<br>金 | 支払<br>3,000万<br>円 | | 140万円／年 | | | |

(3)　家族

| 配偶者 | 年齢 | 45歳 | 55歳 | 65歳 | 75歳 | 85歳 | 95歳 |
|---|---|---|---|---|---|---|---|
| 子 | 年齢 | 20歳 | 30歳 | 40歳 | 50歳 | 60歳 | 70歳 |
| 孫 | 年齢 | | 0歳 | 10歳 | 20歳 | 30歳 | 40歳 |

## 2　収入プラン

(1)　契約に基づいて、年金や保険金が支払われます。一度契約すれば、あとは放置しておけば良いので面倒なことがなく手間がかかりません。株式市場や金利の動向などを気にする必要もありません。

(2)　年金保険は支払った金額＋利息を年金として、分割でもらうイメージになります。

(3)　死亡保険金は受取人の固有の財産であるので、確実に受取人に財産が渡ります。受取人を指定するだけで、財産を渡すことができます。原則、遺留分の計算からも除外されるため、遺留分に懸念がある場合などに有効と考えられます。

(4)　みなし相続財産になる生命保険金には、相続税の非課税枠「法定相続人の数×500万円」があり、相続税の負担軽減ができます（死亡退職金も同様の非課税枠あり）。

&lt;検討ポイント&gt;
⑴　死亡保険金を受取人の指定だけで渡せるのは大きなメリットです。遺言書とは別に考えることができます。
⑵　契約した後に、変更できる項目に制限があります。健康状態などにより、追加で契約できない場合があります。
⑶　状況によっては、保険の内容と契約者のニーズが合っていないこともあるので、注意が必要です（死亡保険金なのか、年金タイプなのか、医療保障は必要なのか等）。

# おわりに

　私どもは、税理士業務、保険業務を通じて、オーナー経営者の相続税の申告、個人の不動産所得の申告、保険金の支払いの現場を数多く見てきました。その中で、相続税の申告書、保険金の支払いから逆算してみると、もっとこうしておけば良かったと思うポイントがいくつもありました。以前から、それらのポイントを事前にオーナー経営者の方々にお伝えしたいという思いがあり、本書はそれらのポイントをまとめたものです。

## 年表を作成して羅針盤にする

　オーナー経営者で所得水準が高い方ほど、相続の際にその財産構成は残念なものであることが多いです。現在の所得が多いので、将来の不安に対して鈍感になっています。サラリーマンの方と比較すると、将来のファイナンシャルプランについて考えていない方が圧倒的に多いです。サラリーマンだと定年があり、それに伴い仕事・生活は大きく変わりますが、オーナー経営者は、自分でそれらを決めることができます。そのため、ご自身の将来について考えることは後回しになりがちです。その結果、相続財産の多くは自社株で、収益を生み出す財産は少なく、納税をしたら現金はなくなってしまうような事例は多くあります。

　より良い財産構成にしていくためには、事前の準備が不可欠です。ご自身の年齢、ご家族の年齢という時間の流れとお金の流れを同時に見ることができるような年表を作成してみると、将来のファイナンシャルプランの羅針盤になります。私どもの経験上、年表の作成はオーナー経営者のファイナンシャルプランに非常に大きな効果があると感じております。

## 年表の作成で見えるもの

　退職（引退）の時期、事業の承継、収入の変化（退職による減収）、退職金の支給、公的年金の支給など個人のイベントだけではなく、会社

に関するイベントについても考えていくことになります。そのイベントに合わせて、より効率的な準備を進めていただくことが目的です。後日、「あの時にこうしておけば良かった」と後悔しないための準備です。

## 自社株対策とオーナー経営者

　相続が発生してから、自社株評価が高くて納税が困難であること、会社への多額の貸付金が放置されていること等が発覚することがあります。事前に準備さえしておけば、結果は違うものになったのにと残念に思うことがあります。これらはオーナー経営者特有の問題です。事前に気付いて、適切な対処さえすれば解決できる問題です。

## 相続税・贈与税のルールを知り、無駄な努力はしない

　相続税・贈与税のルールを知っているかどうかは税負担に大きな差を生みます。オーナー経営者の中には、自己流で無駄な努力をしているケースが多々あります。配偶者、子、孫の名義の預金口座や証券口座に財産を移動し、実態のない贈与で贈与税の申告をしています。なぜなら、贈与税の申告さえしていれば安全という昔の認識を信じているからです。ルール（税法）は変わりますし、そのルールの運用（通達や調査での事実認定）も変わります。相続税・贈与税のルールを知り、まずは効果が大きい特例の適用から確実に実行することが重要です。何事もルールを正確に知り、そのルールに基づいて準備を進めることが大切で、それは相続・事業承継の準備も同様です。

　本書が、オーナー経営者にとっても、残されたご家族・相続人にとっても、会社（役員、従業員）にとっても、納得できる相続・事業承継を実現する一助となれば幸いです。

執筆者一同

〔著者略歴〕

## 小林　進
（こばやし・すすむ）

税理士。1967年山梨県生まれ。
平成3年名古屋大学経済学部卒業。
トヨタ自動車株式会社、メルセデス・ベンツ日本株式会社、
アンダーセン税務事務所、税理士法人タクトコンサルティ
ングを経て独立。
相続、譲渡、交換、土地活用、M&A、事業承継対策等へ
特化した専門家。

## 島﨑　敦史
（しまざき・あつし）

税理士。1963年東京都生まれ。
青山学院大学経済学部卒業。青山学院大学大学院法学研究
科修了。
ヒューマンネットワークグループの税理士法人東京会計
パートナーズの代表社員。
徹底した現場主義をモットーに、30年間にわたりオーナー
経営者の課題解決のためコンサルティングを行っている。

## 齋藤　伸市
（さいとう・しんいち）

1960年東京都生まれ。
大手損害保険会社を経て1999年に生命保険の乗合代理店
ヒューマンネットワーク㈱を設立、代表取締役に就任。
2000社を超えるオーナー経営者や医療法人の理事長を顧客
として相続・事業承継、長生きリスクのアドバイスを行っ
ている。

# オーナー経営者の税金とファイナンシャルプラン

―稼ぐ社長は要注意！　今のままでは残せない！―

令和5年5月10日　初版印刷
令和5年6月2日　初版発行

編著者　　　小　林　　　進
　　　　　　島　﨑　敦　史
　　　　　　齋　藤　伸　市

不　許
複　製

(一財)大蔵財務協会　理事長
発行者　　木　村　幸　俊

発行所　　一般財団法人　大 蔵 財 務 協 会
〔郵便番号 130-8585〕
東京都墨田区東駒形1丁目14番1号
(販　売　部)TEL03(3829)4141・FAX03(3829)4001
(出版編集部)TEL03(3829)4142・FAX03(3829)4005
http://www.zaikyo.or.jp

乱丁・落丁はお取替えいたします。　　　　印刷　三松堂㈱
ISBN978-4-7547-3094-9